U0560799

主　编　厉　声

副主编　李　方（常务）　李国强

编委会成员（按姓氏笔画排列）

于　永　于逢春　马品彦　方　铁　厉　声　冯建勇　毕奥男
许建英　孙宏年　孙振玉　李　方　李国强　张永攀　周建新
孟　楠　段光达　倪邦贵　高　月　崔振东　翟国强

中国社会科学院中国边疆史地研究中心　**厉声　主编**

当代中国边疆·民族地区典型百村调查：**新疆卷（第一辑）**

分卷主编：**马品彦　李　方**

分卷副主编：**孟　楠　许建英**

待收的打瓜（摄于2007年9月15日）

喀纳斯景区（摄于2007年9月20日）

冲乎尔乡卫生院（摄于2007年9月19日）

哈萨克族老年妇女（摄于2007年9月15日）

冲乎尔乡第二初级中学教室内（摄于2007年9月13日）

学生宿舍（摄于2007年9月16日）

奶牛（摄于2007年9月15日）

马车（摄于2007年9月16日）

奇村清真寺（摄于2007年9月15日）

砖木结构房屋及庭院（摄于2007年9月15日）

奇村的荣誉（摄于2007年9月14日）

奇村村规民约（摄于2007年9月14日）

建设中的喀纳斯机场（摄于2007年9月18日）

土火墙和土炕（摄于2007年9月16日）

村干部与调研组合影（摄于2007年9月16日）

田野调研（摄于2007年9月15日）

中国社会科学院中国边疆史地研究中心　厉声　主编

当代中国边疆·民族地区典型百村调查·新疆卷（第一辑）

边陲多民族和谐聚居村

——新疆布尔津县冲乎尔乡奇巴尔托布勒克村调查报告

耶斯尔◎著

SSAP
社会科学文献出版社
SOCIAL SCIENCES ACADEMIC PRESS (CHINA)

“当代中国边疆·民族地区典型百村调查”

总 序

深入实际、开展国情调研，是中国社会科学院肩负的重要科研任务，也是中国社会科学院履行好党中央、国务院赋予的“思想库”、“智囊团”职能的重要方式。中国边疆省区占国土面积的60%以上，边疆区情及当地的民族社会调研（边疆调研）是中国国情调研的重要组成部分。正如一位边疆工作者所说：不了解少数民族，就不了解中华民族；不了解边疆，就不了解中国。1983年中国社会科学院中国边疆史地研究中心建立后，特别是1990年以来，一直将边疆调研作为学科研究的重点之一。

2004年，中国边疆史地研究中心承担国家哲学与社会科学基金特别项目“新疆历史与现状综合研究”（简称“新疆项目”）。2006年，中国边疆史地研究中心牵头，立项开展“当代中国边疆·民族地区典型百村调查”（简称“百村调查”），作为此特别项目的子课题。“百村调查”以新疆为重点，在全国新疆、西藏、内蒙、宁夏、广西五个民族自治区和云南、吉林、黑龙江三省基层地区同时开展，共调查100个边疆基层村落。调查工作在“新疆项目”领导小组和专家委员会指导下，由“百村调查”专家委员会暨编委会组织实施。在中国边疆史地研究中心主持拟定的调查大纲框架下，发挥每个省区的优势，体现各自的特色。

本项目的实施得到了边疆地区各级地方党政部门的支持。首先，调查工作注意与地方党政部门的相关工作衔接、听取意见，在实施调查之前，主动向各级党政部门汇报情况，听取指示和意见。其次，调查组主动让各级党政部门了解调研的全过程，在调研过程中出现问题时及时向相关党政部门请示。再次，调研阶段成果和最终成果的副本同时提供地方党政部门参考。

“百村调查”的调研主题是：改革开放30年来中国边疆基层村落的民族社会和经济发展的历史与现状。具体内容包括：乡村概况、基层组织、经济发展、社会生活、民族、宗教、文教卫生、民俗风情等。项目调研的时间是：2007～2008年（资料下限至2007年底或适当延长）。

“百村调查”的调研对象为：100个具有典型意义与特色的中国边疆基层村落。课题以基层乡、村两级为调查基点，大致每个省区选择2个地州，每个地州选择1～2个县，每个县选择2个乡，每个乡选择2个村。新疆共调查22个村，其他地区均为13个村（辽宁、吉林、黑龙江以东北边疆为单元，共调查13个村）。调查点的选择要求：

（1）本地区社会稳定与经济发展中具有典型意义的基层乡和村。

（2）存在边疆现实政治、社会或经济发展的热点、难点问题。

（3）与20世纪50年代全国边疆民族调查能有一定的衔接。

“百村调查”采取学术调查与现实政治相结合的方法，以社会人类学入村入户调研方法为主，同时关注现实政治、社会与经济发展中的热点、难点问题：一般共性调查与专题专访调查相结合，在一般综合性调查的基础上，选择好专访或专题调研的“切入点”——总结经验与完善不足相结合，在总结各项工作经验的同时，善于发现问题和提出解决问题的对策与建议。调研注重入户访谈和小范围座谈的专访调查。在一般性问卷和统计资料收集的基础上，注重对基层干部、群众典型、教师、宗教人士等特定人员的专题访谈，倾听和收集他们对基层社会稳定与经济发展的看法、意见和建议，形成能说明问题的专访或专题调研报告。

“百村调查”的成果形式分为调查综合报告与专题报告两大类。

（1）调查综合报告：依据大纲规定，撰写有关乡村经济社会等发展状况的综合报告，课题结项后分期公开出版。专题报告及调查资料可以公开发表的，在篇幅允许的情况下，作为附录附在综合报告末尾。

（2）专题报告：内容较敏感、不适宜公开出版的专题报告，集成《专题报告集》，内部刊印。

“百村调查”主编　厉声　谨识

2009年8月25日

目录
CONTENTS

图目录
FIGURE CONTENTS

表目录
TABLE CONTENTS

序言
FOREWORD

“当代中国边疆·民族地区基层社会与经济发展典型调研”是中国社会科学院中国边疆史地研究中心主持的国家社会科学基金特别项目“新疆历史与现状综合研究”的子课题，这项课题调查的范围包括新疆、西藏、内蒙古、广西、云南、吉林、黑龙江 7 个边疆省区及宁夏民族地区。2006 年 12 月，课题在北京正式启动。课题组（以后称丛书编委会）在这次会议上决定，在上述地区选择具有典型意义的 100 个村落开展调查，因此，这项课题又称“当代中国边疆·民族地区典型百村调查”（简称“百村调查”）。作为会议的重要内容之一，这次会议还决定了各个地区调查村落的数目，新疆作为这次大型调查活动的重点区域，分配了 22 个村的调查任务，其他地区均为 13 个村（后来有所调整，吉林省与黑龙江省共调查了 13 个村）。

一　新疆作为重点调查区域的原因与选点的基本思路

新疆地区之所以作为这次调查的重点区域，除了该课题是“新疆历史与现状综合研究”的子课题，理所当然应以新疆为重点之外，还有深刻的客观原因。

第一，新疆是中国行政面积最大的边疆省区，全疆共有160多万平方公里。新疆“三山夹二盆”（北为阿尔泰山脉、中有天山山脉、南为昆仑山脉，前两山夹准噶尔盆地，后两山夹塔里木盆地），自然地理环境独特，天山居中将新疆分为南北两部分，俗称南疆、北疆；东部哈密、吐鲁番等地俗称东疆。南疆、北疆、东疆鼎足而三，调查点要覆盖这些地区，村落的数目自然要比其他地区多。

第二，新疆是中国国境线最长、接壤国家最多的省区。新疆从东北到西南与蒙古国、俄罗斯联邦、哈萨克斯坦共和国、吉尔吉斯斯坦共和国、塔吉克斯坦共和国、阿富汗共和国、巴基斯坦共和国、印度共和国8个国家接壤，国界线长达5600多公里。国界线长意味着边境村镇众多，接壤国家多意味着国际关系复杂。改革开放以来，新疆作为中国对外开放的窗口和前沿阵地，制定了“全方位开放，向西倾斜，外引内联，东联西出”发展外向型经济的方针。2001年6月，中、俄、哈、吉、塔、乌六国成立上海合作组织。该组织刚开始主要进行军事和安全领域的合作，2006年发展到11个成员国和观察员国，合作范围扩展到政治、安全、经济与人文各个领域，新疆连接欧亚大陆桥的桥头堡的作用更加凸显。新疆的这种地理环境和形势格局，势必深刻影响到本地区的各个层面。本次调查以“边疆基层地区”为主题，调查内容不仅涉及新疆基层地区的经济社会发展状况，而且涉及对外交流状况、边境安全问题、边境村生产生活的现状，甚至跨国婚姻、跨境民族（新疆在边疆省区中跨国、跨境民族最多），等等，内容相当广泛。

第三，新疆是少数民族最多的省区之一。全疆有47个民族（据说近年来又有所增加，达到 50 多个），其中 13 个民族是世居民族，分别是维吾尔族、汉族、哈萨克族、回族、蒙古族、柯尔克孜族、锡伯族、塔吉克族、乌孜别克族、满族、达斡尔族、塔塔尔族和俄罗斯族。维吾尔族是新疆的主体民族。本次调研虽然不以少数民族为主题，而以“边疆村落”为主旨，但是新疆的社会人口结构，以及本课题所要求的“典型性”，都决定了调查点必须考虑各民族的分布、各民族不同生产方式和生活习俗对社会经济的影响、各民族之间的关系等问题，以便于更清晰地反映新疆基层地区的现实状况。

第四，新疆是唯一现存生产建设兵团的边疆省区。屯垦戍边，开发边疆，巩固边防，是中国传统的治国方略。早在 1949 年 10 月，中央即开始筹备建立新疆军区生产建设兵团，1954 年建成正规化的兵团国营农场，其后其他边疆地区如广西、云南、内蒙古、黑龙江、西藏也都陆续建立了生产建设兵团（或生产建设师）。兵团在维护边疆社会稳定、建设和保卫边疆、维护国家统一和安全方面发挥了重要的作用。但是，“文化大革命”期间兵团生产遭到了严重破坏，1975 年，中央决定撤销新疆建设兵团，以后其他地区生产建设兵团（建设师）也陆续进行了改制。1981 年，由于形势发展的需要，新疆生产建设兵团得以恢复。新疆生产建设兵团有一套自己的管理体制和系统，与地方的管理体制和系统不同，在改革开放的形势下，新疆生产建设兵团的经济社会发展状况如何，基层连队的生产生活状况如何，其与地方基层村落的关系如何，也是我们必须关注的问题。

第五，新疆自然条件相对恶劣。新疆是典型的干旱气候区，降水稀少，导致新疆的地表资源非常有限。在新疆的地表资源中，60%是荒漠化土地（全国荒漠化土地面积332.7万平方公里），耕地面积为4万平方公里，仅占新疆土地面积的2.5%；可用草地面积为47.09万平方公里，占新疆土地面积的28%；森林覆盖率为2.1%，居全国倒数第二位（全国平均覆盖率为16.55%）；总水量为691.3亿立方米，属于严重缺水的地区；适合人类居住的面积为14.76万平方公里，占新疆土地面积的8.89%，而新疆总人口为2010万人（2005年）。在地表资源如此贫乏的土地上发展农牧渔业，养活如此多的人，实属不易。在近30年的发展过程中，新疆与东部沿海地区及内地经济发展差距日益增大，尤其是南疆维吾尔族聚居的农村贫困问题还十分严重。如何克服地表资源的不足，发展农林牧渔业，缩小与全国其他地区的差别，搞好扶贫开发工作，也是我们调查工作不能回避的问题。

另外，新疆宗教状况复杂，有些地区民族关系较为复杂，“东突”分裂势力一直没有放弃分裂的企图，“三股势力”与国际恐怖势力关系甚密，近年来贩毒、艾滋病问题较为严重，这些都是新疆比较特殊的地方，也是新疆备受国际、国内关注的原因。因此，在新疆进行全面调研，任务十分艰巨。

以上是新疆何以成为这项大型调查工作重点的原因，实际上，这些原因就是新疆的基本特点，也是我们安排布置22个调查点的基本出发点。我们正是根据这些基本特点来梳理这次调查的基本思路，力图将这些基本特点反映在本次调查工作之中。当然，选择调查点还要考虑以下三个因素：(1) 在本地区的社会稳定与经济发展中具有典型意义的基层乡村；(2) 存在边疆现实政治、经济、社会发展热点、难点问题的基层乡村；(3) 能与20世纪50年代全国边疆民族调查有一定衔接的基层乡村。

二　新疆22个调查点（村）的具体安排情况

按照丛书编委会的要求，选择调查点以基层乡村为基点，原则上一个县选择2个乡，一个乡选择2个村。新疆共有22个村，总体上应选择11个乡。我们在充分调研的基础上，按南疆、北疆、东疆三大区域分配，将这11个乡安排在5地州、6县之中。具体安排如下。

南疆地区：

1. 和田地区墨玉县

(1) 扎瓦乡：①夏合勒克村（20世纪50年代初、80年代、90年代进行过调查）；②依格斯艾日克村。

(2) 喀尔赛乡（与47团相邻）：①阿塔村；②喀尔墩村。

2. 阿克苏地区库车县

(1) 比西巴格乡（20世纪50年代进行过调查）：①格达库勒村（民汉混居村，2005年进行过调查）；②科克提坎村（扶贫重点村，20世纪50年代中期、2005年进行过调查）。

(2) 牙哈乡（距塔里木油田较近）：①守努提一村；②阿合布亚村。

3. 乌什县

牙满苏柯尔克孜民族乡：尤卡特村（与吉尔吉斯斯坦共和国相邻）。

北疆地区：

4. 伊犁地区霍城县

（1）清水河镇（20世纪50年代进行过调查，粮食生产为主，汉、回、维吾尔族为主）：①二宫村；②西卡子村。

（2）三宫回族乡（回、东乡族为主）：①上三宫村；②下三宫村。

（3）新疆生产建设兵团农四师61团农二连。

5. 阿勒泰地区布尔津县

（1）杜来提乡（1972年进行过调查，属“2817”工程区域，农牧业结合）：①哈拉塔尔村；②阿合达木村。

（2）冲乎尔乡（哈萨克、蒙古、汉、东乡等多民族聚居）：①奇巴尔托布勒克村；②布拉乃村。

东疆地区：

6. 哈密地区巴里坤哈萨克自治县

（1）石人子乡：①石人子村（汉，农业为主）；②韩家庄子村（汉、蒙古、哈萨克族为主，牧业为主）。

（2）沙尔乔克乡：苏吉东村。

（3）花园乡：花园子村（农业为主）。

下面有必要说明我们选择这6个县的主要理由。

（1）墨玉县、库车县、霍城县、巴里坤哈萨克自治县这4个县20世纪50年代皆曾做过调查；而布尔津县、乌什县，以及霍城县、巴里坤县这4个县又均为边境县。

（2）南疆的墨玉县和库车县，均以维吾尔族为主，分别代表着传统农业经济占主导地位和现代工业迅速发展的两种类型，目前又都是社会局势较为复杂的区域。

（3）北疆的霍城县是原伊犁地区的大县，邻近边境，霍尔果斯口岸即在该县，多民族人口杂居，社会局势相对复杂。近年由江苏无锡市一批援疆干部担任县的主要领导，成为东西部协调发展的一个典型。北疆的布尔津县在20世纪80年代末实施了由联合国粮食计划署资助的“2817”项目，1000多户牧民因此定居。追踪调查该县牧民定居后的生活状况及经济发展情况，探讨牧民发展之路，很有必要。

（4）东疆的巴里坤哈萨克自治县，亦为多民族聚居区，汉族文化影响较大，在东疆有一定的代表性。

（5）新疆社会科学院的研究人员对这6个县均进行过多次不同主题的调查，情况较为熟悉。

从上述安排我们也可以看到，这6县中的11乡、22村（点）也同样具有各自的特点和典型意义，这里有南疆维吾尔族农业村，北疆哈萨克族为主牧业村、多民族和谐聚居村、石油工业带动发展村、旅游业促进发展村、特色产业发展村、边境贸易民族村、边境生产建设兵团连队、兵地密切互助村，南疆扶贫开发村、联合国项目资助新建村，等等，这些村（点）可以从不同侧面，集中反映新疆农牧区的基本情况和主要问题。

三　新疆课题组构成及调查方法与进展状况

本项目新疆方面的课题主持人是新疆社会科学院的马品彦研究员、中国边疆史地研究中心的李方研究员和许建英副研究员。课题主持人主要负责课题设计的指导规划、调查工作的组织实施、调查报告的内容审查，以及出版工作的组织协调等工作。

课题组成员主要由新疆社会科学院的研究人员和新疆

大学的教师组成。课题组共分5个调查小组，其中新疆社会科学院有4个调查小组，新疆大学有1个调查小组。每个调查小组各有4~5名调查员，其中少数民族、汉族成员若干。调查组成员的要求是：（1）有田野调查的经验；（2）工作负责，吃苦耐劳，有协作意识；（3）能够独立完成村级报告的写作。每个调查小组有组长一人，全面负责调查小组的具体工作。调查小组组长是本次调查工作的关键人物。

各调查小组的具体分工是：孟楠教授负责南疆和田地区墨玉县；王磊组长负责南疆阿克苏地区库车县、乌什县；李晓霞组长负责北疆伊犁地区霍城县；石岚组长负责北疆阿勒泰地区布尔津县；苏成组长负责东疆巴里坤哈萨克自治县。

我们这次调查工作主要采取的是社会学、人类学、民族学的基层调查方法，通过入户访谈、问卷调查、会议座谈，收集县乡村各级政府、自治组织的文献材料，拍摄各种图像资料，以专访、专题调研为“切入点”，在一般性问卷和统计资料收集的基础上，注重对基层干部、群众典型、教师、宗教人士等特定人员的专题访谈，倾听和收集他们对基层社会稳定与经济发展的看法、意见和建议，在此基础上形成能说明问题的专访或专题调研报告。同时，将一般共性调查与专题专访调查结合起来，进行全面深入的分析研究。

具体工作可分为四个阶段。

第一阶段：前期准备工作。（1）按照丛书编委会提供的样板和要求，设计调查方案、调查问卷及访谈提纲，组织调查小组组长在巴里坤县一个点进行试调查，在此基础上修改调查方案；（2）将调查问卷、访谈提纲分别翻译成维吾尔文、哈萨克文；（3）调查成员研读所负责县乡的现有相关资料；（4）培训所有调查人员，内容包括调查方案的解析、调查方法及注意事项、访谈提纲和调查问卷的详细说明，试填调查问卷，分配各调查组成员的调查写作任务；（5）与调查县联系调查事宜；等等。

第二阶段：各小组分别下县乡村实地调查，在县、乡召开座谈会，入村入户进行访谈，收集文字资料，拍摄图像，对调查点及所在县乡形成初步认识。

第三阶段：整理、分析、研究收集到的材料和数据，深化对调查点的认识，撰写调查报告。

第四阶段：按照新疆分卷主持人和丛书编委会的要求，补充材料，修改、完善调查报告。

四　本次基层调查活动的评估和预期

“当代中国边疆·民族地区典型百村调查”是中国首次以“边疆基层村落”为主题进行的大型调查活动，这项调查活动在新疆也是仅见的，因此，无论从学术价值，还是从现实价值而言，这项调查工作的意义都是重大的。这里我们有必要回顾一下中华人民共和国成立以来在新疆开展的各次调查活动，在比较中明确本次调查活动的意义。

中华人民共和国成立后，国家对新疆少数民族的调查研究非常重视。从1952年起，国家曾组织众多专家学者在新疆进行大规模的社会历史调查。路径是先调查各少数民族的社会生产力、社会所有制和阶级情况，然后搜集历史发展资料和风俗习惯，进而对各民族历史做系统研究。这次对少数民族社会历史的调查参与人数之多、调查地域之广、撰写资料之丰富，都是前所未有的。调查人员不辞辛苦地做了大量调查笔记，搜集了各种文献资料。根据这次调查和文献研究，出版了“民族问题五种丛书”及大量的调查报告。调查报告主要收集于《新疆农村社会》（上、下册）、《新疆牧区社会》两本文集中，从而为新疆开展民族识别，推行民族区域自治制度，推动民主改革和社会主义改造，制定各项民族政策，发展少数民族地区的经济文化和各项事业，加强民族研究工作，提供了科学的依据和丰富的材料。但是，这次调查以少数民族为重点，不是以边疆基层为主题。另外，规定要为政治服务，许多值得调查的问题如传统文化等，都不同程度地被忽视了，这是这次调查活动的主要不足。

此后对于新疆基层社会的调查研究时断时续，覆盖区域或涉及内容均十分有限。如 1972 年新疆民族研究所对阿勒泰地区的阿勒泰市、哈巴河县、布尔津县进行牧区社会调查，发表了《解放前阿勒泰哈萨克牧区社会》调查报告；20 世纪 80 年代后期新疆社会科学院与新疆大学在南疆莎车县和墨玉县进行“新疆开发与民族问题研究”课题的调查，出版了《南疆脱贫问题社会学调查》；20 世纪 80 年代末在库车县进行国情调查，出版了《国情丛书 · 库车卷》；20 世纪 90 年代中国社会科学院民族研究所组织“中国少数民族现状与发展调查”，出版了《富蕴县 · 哈萨克族卷》、《墨玉县 · 维吾尔族卷》；2002 年云南大学组织研究人员分别对新疆维吾尔、哈萨克、柯尔克孜、塔吉克、乌孜别克、塔塔尔、俄罗斯 7 个少数民族较为集中的村寨进行选点调查，出版了《中国民族村寨调查丛书》7 本；2005～2006 年新疆社会科学院民族研究所对库车县、察布查尔锡伯自治县进行调查；等等。这些调查仍然以少数民族为主要调查对象，或就某一专题而设计，或着眼于某一局部地区，对于边疆问题基本未涉及或涉及得较少。国外更无有关边疆的调查和相关研究。

中华人民共和国成立尤其是改革开放以来，新疆发生了巨大的变化，同时出现了不少新的现象和新的问题，在这样的情况下，全面、深入调查研究新疆基层地区情况和新疆出现的新现象、新问题，就成为边疆工作者义不容辞的责任。中国边疆史地研究中心作为国家级专门研究边疆的学术机构，以高度的社会责任感和敏锐的职业嗅觉，认识到边疆基层调研的重要性和迫切性，从而设计了这个大型课题。生活、工作在新疆的边疆工作者对这个课题当然也十分感兴趣，从而有了这一次的合作。本课题的实施，预期将对党和政府制定相关政策，国人探讨新疆基层发展道路，学者研究边疆社会、经济、民族、文化等问题，发挥重要的作用。

这次调查工作总体来说是比较圆满的。这是因为，虽然每位调查工作者了解的情况有多有少，认识的程度有深有浅，理论水平有高有低，表达能力有强有弱，但是，参与这项工作的每位同志都是以认真负责的态度对待这项工作的，这就为这项工作的圆满完成打下了坚实的基础。此其一。中国边疆史地研究中心在设计调研提纲时，对调查的内容做了较为详细的规定，举凡乡村概况、基层组织、经济发展、社会生活、民族、宗教、文教卫生、民俗风情都规定有专门章节论述（也允许有地方特色的章节），并规定必须到当地获取第一手资料，以亲眼所见和调查问卷、座谈访谈等方式，结合文献书面材料，综合分析研究，以保证内容的完整性、信息的可靠性和结论的可信性。此其二。在选择调查点和前期准备工作及人员安排方面，新疆课题组都做了精心的安排，以确保调查点具有典型性，调查撰写工作具有实效性，从而以点带面，较全面地反映新疆村落经济社会发展的基本状况。此其三。如前所述，此前尚无从“边疆基层”这个角度进行调查的活动，因此，这次调查工作具有开创性的意义。从开创性这个层面来看，这个工作无论如何都是有贡献的。此其四。当然，由于新疆地域广大，路途遥远，我们下去调查工作的次数不多，下到基层的时间亦不长，对基层的认识或许有所不足；且由于参加调查撰写的作者众多，水平不一，成果质量参差不齐，甚至可能出现一些错讹。在此，作为丛书新疆卷的主编，我们代表相关作者表示歉意，并恳请广大读者和专家批评指正。

这次调查的一本本调查报告，就像一个个坐标，将把新疆基层村落发展的状况定格在瞬息万变的历史发展阶段之中，留下永恒的记忆；又像一把把钥匙，将把新疆基层村落的发展引向无穷无尽的未来，成为新的历史阶段的新起点。这是我们对这次调查活动的评估，也是我们对这次调查工作效果的预期。确实与否，有待读者的评价。

马品彦　李　方

2009 年 8 月 22 日

第一章　概述

奇巴尔托布勒克村（简称奇村）位于新疆阿勒泰地区布尔津县冲乎尔乡。布尔津县是阿勒泰地区西部的一个多民族聚居的边境县。该县的旅游业发达，每年旅游高峰季节，美丽的喀纳斯景区都会吸引大量的游客在这里逗留。

第一节　布尔津县概况

布尔津县隶属新疆维吾尔自治区伊犁哈萨克自治州阿勒泰地区，位于新疆北部，阿尔泰山南麓，准噶尔盆地以北，额尔齐斯河河畔，其北部和东北部与哈萨克斯坦、俄罗斯、蒙古国接壤，是中华人民共和国版图“鸡尾”的最高点。该县是阿勒泰地区西部三县的交通中心，也是新疆唯一与俄罗斯有共同边界并可开辟中俄直接通商口岸的县。县城与自治区首府乌鲁木齐市直线距离420公里，交通线长620公里。全县辖6乡，1镇，63个行政村，南北长200公里，东西宽49～82公里，呈葫芦形，总面积10540.3平方公里。2005年，全县总人口6.6万人，由哈萨克族、汉族、回族、蒙古族等21个民族组成，少数民族占总人口的68%，农牧业人口占65%。主要农产品有大豆、玉米、油葵、小麦等。

布尔津县因布尔津河而得名。“布尔津”，卫拉特蒙古语。在卫拉特蒙古语中，三岁公骆驼称为“布尔”，“津”则为放牧者之意。当地哈萨克语还称此地为“奎干”（为汇合处之意），因布尔津河在这里汇入额尔齐斯河。

布尔津县高山逶迤，草原辽阔，水草丰美，自古以来就是中国西部游牧民族繁衍生息的地方。在西汉时期，这里是西匈奴的游牧地。三国时属鲜卑，北魏时期属柔然，隋唐时期属突厥。宋代以后，此地有乃蛮人兴起。成吉思汗西征后，这里是三子窝阔台的封地。元代这里属于宗王昔里吉的封地。从明朝开始，瓦剌（卫拉特）人迁入此地。清朝初年，厄鲁特蒙古准噶尔部游牧于此。后来准噶尔部东迁，又有新和硕特、新土尔扈特、阿尔泰乌梁海和杜尔伯特等部游牧于此。乾隆三十五年（1770 年）左右，哈萨克中玉兹的阿巴克克列部和乃蛮部的一部分人逐渐迁居于此。清朝在平定准噶尔部后，布尔津一带属乌里雅苏台定边左副将军节制下的科布多参赞大臣管辖，同时，这里也是阿尔泰乌梁海左翼属下的游牧地。光绪三十一年（1905 年），科布多与阿尔泰分治，这里是阿尔泰办事大臣的管辖地。1919 年，阿尔泰划归新疆省，设阿山道。同年，布尔津正式设县，先后属阿山道、阿山行政区、阿山专区、阿勒泰专区辖。1970 年后属阿勒泰地区。

布尔津县有着丰富的旅游资源，风景独特。新疆五大自然景观之首、中国唯一的古北界动植物分布区、有着“亚洲唯一瑞士风光”之称的喀纳斯自然生态景观区就在该县境内，其原始生态和民俗风情十分独特，开发潜力巨大。神奇的喀纳斯是布尔津县最吸引人的旅游地，其西北部与俄罗斯、哈萨克斯坦交界，东部与蒙古国接壤，是中国西部唯一与俄罗斯接壤的边境区，也是全国少有的四国交界区域。境内的额尔齐斯河是中国唯一由东向西流入北冰洋的河流，河床宽阔，水面平稳，水深适当，是当年中国与苏联开展河运的商道；岸边有优良的天然牧场和哈萨克族牧民毡房，河岸还有鬼斧神工般的雅丹地貌“五彩河岸”，等等。

近年来，布尔津县紧紧围绕本地资源优势，大力发展旅游、畜牧、大豆、水能四大产业，经济建设和社会各项事业均取得了显著成就（见图1－1）。2005年，全县完成生产总值5.93亿元，完成财政收入3156万元，农牧民年人

图1－1　县城一角（摄于2007年9月10日）

均纯收入达3620元。2000年以来，累计完成社会固定资产投资16.8亿元。2005年，完成社会消费品零售总额达4.17亿元；非公有制经济占全县GDP的比重达到38.5%，成为全县经济新的增长点。2004年，被西部大开发组委会评为新疆县域经济发展速度最快的10个县市之一。全县社会各

项事业都取得了显著成绩，先后获得“自治区精神文明建设先进县”、“自治区文化建设先进县”、“自治区科技兴新先进县”、“自治区园林县城”和“全国十佳文明村镇”、“全国卫生初保先进县”、“全国体育先进县”、“国家卫生县城”等荣誉称号。

近几年，随着喀纳斯景区旅游资源的开发，旅游人数和旅游收入连年递增，旅游业的发展为布尔津带来了巨大的社会效益，有力地促进了第三产业以及相关产业的发展，是继布尔津县畜牧、大豆之后的又一支柱产业。布尔津县资源十分丰富。（1）地广水丰，有宜农荒地190万亩。全县水域面积92.75平方公里，主要有额尔齐斯河、布尔津河两大水系，年径流量75亿立方米，水能蕴藏量达170.48万千瓦。在河流中生长着当地四个名贵珍稀鱼类：鲟鱼（青黄鱼）、哲罗鱼（大红鱼）、长颈白鲑（大白鱼）、细鳞鲑（小红鱼），还有鲤鱼、鲫鱼、河鲈、东方真鳊及中小白鱼等品种。总种类多达21种。（2）林茂草盛，全县共有天然林和人工造林面积221.79万亩，森林覆盖率达14.05%。有草原草场面积1227万亩，天然夏牧场最高载畜量可达135万只羊单位。布尔津县林产品资源也十分丰富，松子、白桦液、狗杞子、沙棘、野蔷薇及野生的山楂、樱桃、草莓等林产品资源会储量很高，全县现有白桦树林40万公顷，其中平原白桦林15万亩，能采集白桦液的面积为8万亩，可采液株达80万株，按每株一个采集期的采集量85公斤计，总采集量可达6.8万吨。（3）矿富品高，已探明的矿藏有金、银、铅、滑石等36种，地质储量多在百万吨以上，尚未规模开发。（4）野生动物植物资源极其丰富，共有各类名贵中药材300余种，野生动物100余种。

对于布尔津县的总体印象，可以引用一些到过布尔津的外地游客所做的概括：城市是童话的，湖泊是神秘的，滩是五彩的，河流是古老的，森林是原始的，社会是和谐的。在布尔津县城走一走，可以感觉到这里的街道很干净，房屋建筑具有浓郁的欧洲风格，尤其是俄罗斯风格很浓。当地的人生活恬静、和谐，大家说话都低声细语。大街上走着不同民族的人，其中有很多来自外地的游客。

第二节　冲乎尔乡概述

一　自然环境与资源

冲乎尔系哈萨克语，意为“盆地”的意思。因该地四面环山、中间低平而得名。该乡的地理坐标为东经 87°07′，北纬 48°06′。1953 年，冲乎尔是布尔津县第一区辖地，分为 5 个乡，分别是河东乡、河西乡、哈流滩乡、禾木河乡、哈纳斯乡。1958 年人民公社化时成立了红旗公社和卫星公社，1959 年两个公社合并为红旗公社，1980 年改称冲乎尔公社，1984 年建立冲乎尔乡。该乡总面积 21 万公顷，其中耕地面积 4.59 万亩，草场面积 144.46 万亩，总人口 1.22 万人，主要由汉、哈萨克、回、蒙古等 13 个民族构成，其中哈萨克人口占全乡总人口的 83.6%。人均耕地面积不足 3 亩，乡域经济以农为主，农牧结合。由于该乡地处偏远，交通不便，信息闭塞，各项基础设施差，自然条件恶劣，所以被列为自治区重点扶持贫困乡。该乡下辖 11 个行政村，其中农业村 9 个，牧业村 2 个，是一个以农为主、农牧结合的乡。农业主要以生产小麦、玉米、大豆为主，牧业以本地土牛、阿勒泰大尾羊为主。该乡粮食产量最高曾达1000万公斤，有“阿勒泰粮仓”之美誉。2007年，冲乎尔乡全年生产总值达到11258万元，同比增长7.6%，其中农业产值2540.6万元，牧业产值3403.5万元，乡镇企业、二、三产业产值达到5313.9万元。全乡年人均纯收入达到4426元，同比增长454元。

冲乎尔乡位于布尔津县西北部、布尔津河上游，距县城有70公里，此地为低山丘陵区，为群山环抱。东与阿勒泰接壤，南与窝依莫克乡相连，西与哈巴河县相邻，最北端是著名的喀纳斯风景区，属中温盆地气候，全乡北高南低，以布尔津河为轴心，东西两侧为农牧村落。其北为阿克昆盖特山，东为库须根套山和琼肯山，西为阿木拉西台山和巴勒根德山，南为喀拉墩高地。呈上大下小的三角形，长约12公里，平均宽约6公里，总面积72平方公里，最低海拔654米。此地属低山带在断块作用下形成的小型断陷盆地。布尔津河自北向南贯穿其中部，众多溪流自周围山上汇入该地。因此，沉积层和覆盖物较厚，地势平坦肥沃，灌溉便利，是布尔津县的重要产粮区。布尔津河产鱼十余种，有西伯利亚鲟、哲罗鲑（大红鱼）、细鳞鲑、长颌白鲑、白斑狗鱼、梭鲈等鲜美野生、土著经济鱼类，其中细鳞鲑、白鲑、江鳕等最为名贵。在布尔津河谷地带中，次生林茂密，水草丰美，是良好的秋冬牧场。这里冬季漫长，寒冷多雪，夏季短暂、凉爽，是理想的避暑胜地。冲乎尔乡自然资源丰富，山中分布着茂盛的原始森林，森林中生长着新疆红松、落叶松、云杉、冷杉、白桦、山杨等高大树种。林中栖息着熊、鹿、猞猁、野山羊、野猪、旱獭、雪鸡等野生动物；生长有党参、黄芪、贝母、麻黄、芍药、灵芝、冬虫夏草等名贵药材。山中蕴藏着黄金、云母、宝石、滑石等矿产。山地牧场水草丰美，草原辽阔，是天然的夏季牧场。

奇特的地理环境造就了绝佳的旅游环境。冲乎尔乡群山环抱，布尔津河横贯其中，依山傍水。夏季无风无蚊、绿树成荫、气候宜人，冬季白雪茫茫、寒冷季长、安静祥和，宛如世外桃源，是夏季避暑、冬季养生的理想之地。春秋多风少雨，昼夜温差大，气温随地势的升高而降低，平均气温北部中山区为 -3.6℃，平原区为4.1℃。7月份气温最高，平均气温 22.4℃，极端最高气温为 38℃；1 月份气温最低，月平均气温为 -16.4℃，极端最低气温 -41.2℃。年日照时数 2971 小时；无霜期 153 天；年平均降水量 118.7 毫米，干旱年降水量为 58.2 毫米，风调雨顺年的年降水量为 162 毫米；年蒸发量 1754.5 毫米，随地势高度的递增，蒸发量有减少的趋势。冻土深度 1.2~1.5 米。全年以东南风和西北风最多，风力多在三级以下。有古岩画群、石林、河谷白桦林、白沙山、巴旦杏林等多处开发价值较高的旅游景点。

二　经济与基础设施

冲乎尔乡是布尔津县内通往喀纳斯风景区的必经之地，冲乎尔水电站位于冲乎尔乡库须根村 10 公里处，喀纳斯机场距冲乎尔乡 23 公里。布尔津县第一个有色金属开发矿区——克因布拉克铜锌矿就在冲乎尔乡，距冲乎尔乡政府驻地 25 公里。该乡因地处山区，而且河渠纵横，曾经交通十分不便。过去，农牧民夏季过河全靠船渡，与外界的交通也很困难；冬季大雪封山则交通阻塞。1986 年，县政府和该乡政府共同出资，在布尔津河上架设了大铁桥，使得公路从此可以直通乡政府驻地，班车四季通达，交通不再受阻，山乡面貌有了很大改变。

该乡围绕农牧业增效和农牧民增收的目标，优化了农牧业产业结构，加快牲畜品种改良步伐。在全面落实粮食直补、农资补贴、“两免一补”等支农惠农政策的同时，坚持以粮食安全为重点，以市场为导向，紧紧围绕畜牧业的发展调整种植业结构。稳定粮食生产，扩大经济作物种植规模，优化种植结构。2007 年该乡各类作物总播种面积为 47614 亩，在稳种大豆、玉米的同时，扩大打瓜、油葵、甜瓜、花豆、红豆、黑豆及蔬菜制种等经济作物的种植面积。

在畜牧业方面，该乡调整和优化了畜群结构。坚持“减小畜增大畜、以小畜换大畜”，进一步优化畜群结构，截止到 2007 年 6 月末，该乡牲畜的最高饲养量达到 141875 头（只），其中牛增加 13%，羊减少 1.1%，山羊减少 20%。该乡还进行了牲畜品种改良工作。在品种改良工作中坚持以自繁育为主、外地引进为辅。加大品种引进力度，从 2002 年开始共引进品种牛 472 头，种羊 220 只，冷配牛 8086 头，有效提升了畜群品质。在牲畜病防治方面，该乡坚持“预防为主、防检结合”的方针，实行兽医技术人员分片包村、包户制度，责任落实到人，有效地控制了疫病的发生和流行。从 2001 年开始，实现定居半定居 324 户、共 1520 人，修建高标准暖棚 200 座，接羔圈 78 座，青贮窖 175 个，远冬牧场住房 56 户，完成牧业定居户 310 户、共 1200 人，新修牧道 77 公里。完成围栏草场禁牧面积 20 万亩，休牧面积 63.3 万亩，牧业基础设施的不断完善，使全乡牧民抗灾防灾能力进一步增强，为牧民生产方式由传统畜牧业向现代畜牧业过渡打下了基础。

在交通方面，该乡 2002 ~ 2007 年累计投入 600 万元修建通油、通达公路及乡村、村村通公路共计 123 公里，目前已基本实现了村村通公路（见图 1 - 2），极大地改善了农牧民的出行条件（见表 1 - 1）。截止到 2007 年，该乡农村电网改造工程已完成 5 个行政村，涉及 1237 户的升级改造。2002 年，该乡投入 20 余万元，完成了布尔津河东岸 4 个行政村有线电视的升级改造，使河东 500 户有线电视用户看上了清晰的电视节目；2004 年，该乡投资 10 万元完成了布尔津河西岸布拉乃村有线电视的开通，新增有线电视用户 100 余户。截止到 2007 年，全乡广播电视覆盖率达 90% 以上，极大地丰富了广大农牧民群众的业余文化生活。

图 1 - 2　冲乎尔乡新建公路一段（摄于 2007 年 9 月 14 日）

表 1－1 冲乎尔乡各村基础设施情况

村　名	总户数（户）	人口（人）	主要民族	是否通电	是否通公路	是否通水	是否通电话	是否通电视	住房困难户（户）	其中无房户（户）
哈拉克木尔	280	1368	哈萨克	是	是	否	是	是	45	19
冲乎尔村	137	822	汉、哈萨克	是	是	否	是	是	44	21
库须根村	192	906	汉	是	是	否	是	是	35	16
布拉乃村	268	1450	汉、哈萨克、回	是	是	否	是	是	41	20
空吐汗村	356	1615	汉、哈萨克	是	是	否	是	是	42	16
奇巴尔托布勒克村	307	1428	汉、回、哈萨克	是	是	否	是	是	42	22
阿木拉什台村	87	437	汉	是	是	否	是	否	18	14
阿克阿依勒克村	300	1392	哈萨克、蒙古	是	否	否	否	否	73	20
阿克齐村	210	887	哈萨克	是	是	否	否	否	72	30
江安吉尔村	190	876	哈萨克	否	是	否	否	否	19	10
克孜勒塔斯村	86	336	汉、哈萨克	是	否	否	否	否	14	8

资料来源：冲乎尔乡政府。

自2002年开始，该乡不断加大对农牧区的扶贫力度，通过以工代赈等多种方式，加大资金投入，搞好扶贫开发，从根本上改善贫困村特别是少数民族贫困村的生产生活条件，实现农村牧区贫困人口稳定脱贫。2002～2007年，上级扶贫部门对该乡共投入进村入户资金123万元，购买了扶贫畜1422头（只），其中羊1268只，牛154头，受益贫困户达258户，共计1488人；基础设施建设共投入资金88.5万元，主要用于修建水利设施、道路、安装有线电视、危房改造等。通过扶持，该乡贫困人口的生产生活条件得到了很大的改善，截止到2006年底，全乡已有217户、共计

1283 人越过低收入贫困线，人均收入已由 2001 年的 660 元左右，增加到 960 元左右，人均增收近 300 元。2005 年，第一轮重点贫困村布拉乃村、孔吐汗村各项指标均达到自治区整村推进验收标准，顺利通过了自治区的验收。

2002～2007 年，全乡累计投入资金 300 万元，用于新农村建设，实现了乡政府驻地街道硬化、亮化、美化，创建了一个新农村建设示范村、一个重点整治村和一个旅游示范村，乡村环境得到初步改善；投入 200 万元，为乡政府和 7 个行政村的村民委员会修建了办公室。

三　社会事业

通过实施“科教兴乡”战略，该乡的教育事业取得了很大进步。（1）办学条件大为改善。通过积极争取与筹建，台湾影光教育基金援建的一小寄宿制小学和日本政府捐资的利民小学均建成投入使用，合并撤销村教学点，极大地改善了该乡的教育环境；乡第一初级中学通过几年的校园建设，顺利通过自治区绿色环保学校的验收，并积极争取创建国家级绿色环保学校。全乡三所中小学安装调试了远程教育卫星收视和播放设备，解决了该乡教育教学受地域限制的问题。（2）各学校的管理得到加强与规范。该乡各中小学通过建立健全日常教育教学管理制度，使学校的日常教学管理不断得到规范。顺利完成了教学区的撤并工作，成立中心学校，实现由中心学校统一管理全乡中小学的教学业务工作的目标，使该乡的教育管理体制更加完善。（3）积极推进教学改革，教学质量有所提高。在 2007 年的中考中，第二初级中学有 2 名学生被内地高中班录取，有 3 名学生被地区二中录取，中考录取率达 100%；乡第一初级中学有25名学生被地区一中录取，有6名学生被地区三中录取，有23名学生被县高级中学录取。

该乡加大对各村的文化投入力度，积极承办每年一度的百日文化广场、农牧民运动会、“三下乡”等活动，丰富了广大农牧民的业余生活。2004年，该乡成功举办了布尔津县第14届阿肯弹唱会。同时，该乡积极开展牧民运动会，组织各项体育活动，群众加强体育锻炼的意识得到进一步提高。乡卫生院的医疗设备得到一定程度的更新，新建住院部一座，使该乡农牧民群众的就医条件有了明显改善。2005年，该乡启动了新型农牧区合作医疗试点工作。截止到2007年，全乡参加合作医疗人数达7245人，参合率达93.08%。该乡开展了计划生育优质服务活动，稳定了低生育水平。计划生育奖励扶助制度全面实施，为符合条件的农牧民发放奖金。人口自然增长率控制在10‰以内。耕地总量保持动态平衡。2002~2007年，该乡共计发放救济款46万元，救济“三无”户、特困户423户，共计1023人，发放最低生活保障金224.3万元，计382户、921人；实施了8户残疾人危房改造项目；农村低保工作已经启动。

规范信访工作，加大司法、民事调解工作力度。他们做到小事不出村、大事不出乡，有效防止群众越级上访，先后调解民事纠纷425件，维护了社会稳定。该乡积极开展普法工作，群众民主法制意识普遍提高。平安创建得到加强，技术防范得到运用，群防群治意识逐渐增强，社会秩序更加稳定。精神文明创建工作扎实开展。为积极配合做好布尔津县2007年再次获得“自治区精神文明建设先进县”荣誉称号，进一步提高该乡精神文明建设水平，该乡奇村积极参与创建“阿勒泰地区文明村”和“自治区文明村”，布拉乃村参与创建“布尔津县精神文明村”，大力倡导树立现代文明的生活理念。

四 特色产业——旅游业

冲乎尔乡有历史悠久的农耕文化、游牧文化、民俗文化。全乡 13 个民族不同的民族文化、宗教、艺术和风俗习惯，形成了文化的多样性和差异性，特别是俄罗斯族、哈萨克族、蒙古族图瓦人、回族等以其独特的民族历史及文化形成自己别具一格的民风民俗民情，如特色饮食、饰物、民居、歌舞等。布拉乃村有一个小村庄当地人号称“俄罗斯村”，是历史上沙皇贵族流亡的地方，该村村民多为沙皇贵族的后裔，对游客具有极大的吸引力。该乡沿途及乡政府驻地土特产市场、旅游厕所、特色酒店等一应俱全，加油站、客运车站等设施服务功能齐备，并有新建澡堂 1 座。

喀纳斯景区旅游业的快速发展，为冲乎尔乡第二、三产业的发展提供了良好契机，一个以农、牧、工、商、旅游服务业为一体的产业链已经初步形成。2006 年近 40 万游客往返喀纳斯途经冲乎尔乡，就地消费的游客达 20 万人，实现旅游收入 165 万元，农（牧）家乐发展到 18 家，接待床位达到 300 张，直接从事旅游工作的有 218 人。2005 年冲乎尔乡投入 17 万元在位于旅游沿线的布拉乃村建了一座拥有 29 个摊位的农贸市场，主要用来出售本地的农副产品，成为农牧民展销地方特产、民俗工艺品、旅游纪念品等的平台。

2007 年冲乎尔乡成为布尔津县旅游示范乡，这又给该乡旅游事业发展带来了新的活力。全乡已建成“农家乐”

旅游点48户。随着旅游业的发展，也带动了全乡农业、畜牧养殖业的迅速发展。新发展畜牧养殖专业户21户，其中养鸡大户3户（规模在1000只以上），优质奶牛户10户（每户养殖规模在10头以上），奶牛村1个。另外，还有特色养殖（獭兔养殖）户5户。在特色种植方面，甜玉米700亩，新建蔬菜大棚60座。冲乎尔绿色农副产品市场成为全乡瓜果、蔬菜、熟食品、旅游纪念品、民俗文化展示的最大集散地，并逐渐形成本土特色，成为布尔津—喀纳斯公路上的一个新亮点和农牧民增收的重要依托平台，极大地促进了农村经济的发展，提高了农民的收入。2006年冲乎尔乡人均收入3927元，仅旅游一项就使全乡人均收入增收150余元。从事旅游服务业的人员有3000余人，为农村剩余劳动力创造了新的就业机会。众多的农村富余劳动力积极参与到餐饮、购物、景区租马等喀纳斯旅游服务项目中，充分挖掘民间工艺，开发旅游产品，并逐渐形成规模，成功实现了劳动力的就地转移。2006年该乡实现富余劳动力转移2187余人次，收入达565万元，人均收入2583元。

为了充分调动广大人民群众从事旅游开发的积极性，进一步促进“农家乐”特色旅游业的发展，冲乎尔乡党委、政府对发展该乡旅游业非常重视，采取了有效措施。该乡加大了对旅游农业的宣传力度，印刷宣传材料，利用五一黄金周进行大力宣传。另外，该乡还向农牧民宣传其他省、市旅游农业发展的成功经验和典型成果，引导和鼓励农牧民群众进一步解放思想，更新观念，积极开展旅游业，通过宣传促销，扩大了影响，提高了知名度。全乡加大招商引资力度，坚持谁投资谁受益、你发财我发展的原则，广开融资渠道，吸引社会力量积极参与旅游农业发展；2006年投资9.9亿元人民币的冲乎尔水电站开工建设，工程的开工给当地带来了新的人流、物流、资金流，也培育了当地餐饮住宿业的进一步发展。该工程将于2009年竣工，届时将成为百里文化旅游长廊中的又一个工业旅游示范点。2007年，该乡建成投资600万元的旅游纪念品购物市场，投资540万元、占地3000平方米的四星级“农家乐”也在乡政府驻地附近建成。通过农家特色餐饮、田园山庄式住宿和丰富的农事体验活动等成为变冲乎尔乡由“过站游”向“度假休闲游”发展的又一个重要引力点。该乡还加强行业管理，对“农家乐”旅游点的物价规范、服务质量监督、安全保障等实行制度化管理和从业许可证制度，将其纳入规范化管理轨道，保证了“农家乐”长期特色旅游业的健康发展。

随着喀纳斯冬季旅游业的启动，该乡注册成立了冲乎尔乡马拉雪橇协会，53名协会会员积极投入冬季旅游运输工作，经旅游部门考察筛选，有5家农（牧）家乐被确定为冬季旅游接待点，冲乎尔乡已经成为喀纳斯冬季旅游中转站和冬季旅游服务基地。结合旅游业的发展，相继成立的马拉雪橇协会、手工艺品制作协会运营良好，尤其是手工艺品的开发已从农牧民自主销售走向了订单销售。其中马拉雪橇协会年创收达20万元左右。手工艺品协会现有协会会员50多人，协会主要制作哈萨克民族手工艺品——毡子挂毯、毡包、钥匙链、笔筒、手链、项链、提包及骨制马、牛、羊、骆驼、各种骨制小人和马头琴等，还有各种尺寸的手工刺绣，协会制作的许多手工艺品被北京、乌鲁木齐和布尔津县商家非常看好。

旅游不仅给当地农牧民带来可观的经济效益，也带来了文明新风尚。拥有独具特色的石景山、白桦林和古岩画等旅游景点，冲乎尔乡将加强并加快以道路为中心的基础设施建设，开展石景山风景区探险旅游、河谷桦林休闲度假娱乐游、原始游牧文化探寻游等活动，把冲乎尔乡的旅游景点作为喀纳斯旅游的补充，切实形成以喀纳斯为龙头的“众星捧月”的旅游开发格局。乡容整洁、乡风文明的社会氛围为冲乎尔乡村旅游环境的优化发展奠定了良好的基础。

附：冲乎尔乡2006年财政预算执行情况表与2007年预算表（见表1－2、表1－3）

表1－2 冲乎尔乡2006年财政预算执行情况

单位：元

项　目	预　算	决　算
行政管理费	1114369	1663671.09
文教事业费	5163767	6113239.17
文化事业费	2000	2000
广播电视事业费	63713.50	73405.98
计划生育事业费	155581	157731.32
其他部门事业费	277331	586915.3
农机事业费	138141	147502.79
农业技术事业费	36227	54594.59
农经事业费	35306	53972.12
卫生事业费	705728	860097.7
转移支付	803000	492000
兽医站事业费	239493	477081.77
合　计	8734656.5	10682211.83

资料来源：冲乎尔乡政府。

表 1-3　冲乎尔乡 2007 年预算

单位：元

项　目	预算数	项　目	预算数
行政管理费	1223294	农业技术事业费	50456
文教事业费	5212648	农经事业费	47307
文化事业费	2000	卫生事业费	798976
广播电视事业费	65116	转移支付	803000
计划生育事业费	92077	兽医站事业费	547837
其他部门事业费	328931		
农机事业费	124777	合　计	9296419

资料来源：冲乎尔乡政府。

第三节　奇巴尔托布勒克村概况

奇巴尔托布勒克村位于乡政府驻地正北 2 公里处，惯称为六村，建置于 1959 年，当时称为红旗公社农八队，1970 年改称红旗公社六大队，1980 年改称为冲乎尔公社六大队，1984 年改为冲乎尔乡奇村沿用至今。该村是一个农业村，由 5 个自然村组成，总人口 1428 人，共 307 户（见图 1-3），主要由哈萨克、回、汉、壮等 9 个民族组成。这是一个典型的多民族村，各族村民习俗迥异，丰富多彩。整个村子显得安静、祥和，生活节奏缓慢。

“奇巴尔托布勒克”系哈萨克语，“奇巴尔”意为丛生；“托布勒克”是一种豆科灌木植物，学名锦鸡儿，又称金雀花。所以，“奇巴尔托布勒克”意为金雀花丛生的地方，通俗地讲就是“金雀花滩”的意思。

该村有党员 14 人，占全村总人口的 1.04%。村党支部书记张青花，女，俄罗斯族，1950 年 5 月出生，中专文化。

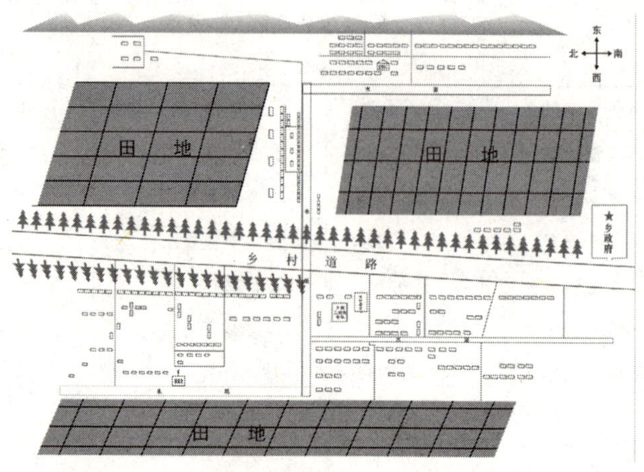

图 1－3　奇村村民分布

村民委员会简称（村委会）主任马兴国，男，回族，1965 年 7 月出生，初中文化。村委会副主任李元贵，汉族，男，1965 年 12 月出生，初中文化。2006 年，县委组织部出资 19.5 万元，为村党支部和村委会修建了办公室，安装了农村党员干部远程教育设施。

该村的交通条件是全乡最好的，乡政府驻地距离该村只有两公里，一条柏油公路由南向北贯穿全村而过。该村的东部是库须根套山，地势由东向西逐渐平缓。全村共有 5 个自然村，分布较零散。但全村自南向北主要呈狭长状，以柏油公路为界，居民主要分布在公路的西侧，公路东侧有三处居民点。村庄道路两侧是排列整齐的树木。在该村的西北角有一座清真寺。另外，冲乎尔乡第二初级中学也设在该村。

该村有耕地面积 5773 亩，主要种植小麦、油葵、玉米、黄豆及苜蓿。该村为农业村，经济发展主要依靠种养结合，搞特色养殖。该村集体经济主要以集体地的承包收入为主，现有集体所有耕地890亩，集体所有牲畜150只。

2006年，该村集体经济收入5.28万元。种植业是该村的优势产业，因为该村村民的种植技能较强，耕作经验丰富，玉米、黄豆和打瓜等农作物的单产量在全乡位于前列。他们种植的毛豆、甜玉米等农产品，深受喀纳斯景区游客的喜爱，成为该村农民增收的重要依托，也为喀纳斯景区提供了丰富的农用物资和生活原料。这样既提高了土地的使用效率，也转移了该村的剩余劳动力，为农牧民提供了更多的就业机会，也提高了农牧民的收入。

此外，该村的养殖业发达，牛的数量尤其是奶牛的数量在全乡是最多的，成为全乡有名的“百头优质奶牛村”。从2006年开始，该村充分利用上级政府给予的扶贫资金购买良种畜，大力推行品种改良，从而壮大了该村的集体经济。2006年6月末，该村牲畜最高饲养量为6584头（只）。2006年牲畜年末存栏3361头（只），牲畜最高饲养量5978头（只）。2006年该村实现社会生产总值1850.7万元，其中农业产值324.59万元，牧业产值203.79万元，人均纯收入4114元。

在靠近乡政府驻地的道路两侧是林立的店铺，包括理发店、商店、饭馆、网吧以及露天摊位，其中很多是由该村村民经营的（见图1－4）。该村的道路上还不断地有卡车、小轿车、农用拖拉机和机具来来往往，当然也有拉运货物的马车和毛驴车。大部分村民家中有摩托车、拖拉机、固定电话、电视。另外，在村中可以看到不少村民在使用手机。

冲乎尔乡是通往喀纳斯景区的必经之路，位于喀纳斯景区以南90公里处。每年5～10月是喀纳斯景区的旅游高

图 1－4　冲乎尔乡街道旁的店铺（摄于 2007 年 9 月 13 日）

峰季节，大量的游客带来了大量的商机，景区的旅游服务业也得到了迅速发展，由此产生了很多的就业机会。奇村的村民也看到了这些机会，其中有一些人就在喀纳斯景区务工。

第二章　基层组织建设

中国是个农业大国，实现农村经济社会稳定和发展事关整个国家的稳定和发展大局。而农村基层组织建设就是实现农村经济社会稳定和建设发展的关键，更是农村村务公开和民主管理的基础。胡锦涛同志在2006年2月14日中央党校省部级主要领导干部建设社会主义新农村专题研讨班上强调："发展农业和农村经济，归根结底，要靠以党组织为核心的农村基层组织团结和带领广大农民群众去落实，都离不开基层组织的有效工作。多年的实践证明，农村工作千头万绪，抓好农村基层组织建设是根本，是关键，是必须做好的基础工作。"

第一节　村党支部

党在农村的基层组织是村党支部。农村党组织是农村三个文明建设的领导核心，而在实际工作中，村党支部书记是整个班子的班长，是农民奔小康的领头人，是农村三个文明建设的主要推动者，作用非常关键。其职责和任务就是把全村各种组织和各项工作统一领导起来，协调好各方面的利益关系，处理好各种复杂的矛盾，推动该村经济建设和社会各项事业发展。这是其他组织不能代替的。我们经常讲“上面千条线，下面一根针”，说的就是农村工作虽然千头万绪，但归根到底都要到村，最终要靠村党支部和村干部去落实、去完成。奇村党支部就很好地发挥了农村基层党组织的作用。

截止到作者在奇村调研时，该村共有 14 名党员，其中女性党员 2 名，少数民族党员 2 名（分别为俄罗斯族和回族）。妇女党员和少数民族党员占全体党员的比例均为 14.3%。在村党组织中，35 岁以下的年轻党员占 35.7%，中专学历以上党员占 21.4%。奇村党支部成员有三人，其中两位为少数民族，一位为汉族。支部书记是俄罗斯族，女性。（见表 2－1、表 2－2）长期以来，奇村党支部开展了形式多样的各类文化宣传教育活动以及“八荣新风户”、“五好家庭”、“信用户”、“好婆婆”、“好媳妇”、“文明户”、“文明窗口”等活动，大力推动精神文明建设，全村各项事业健康发展，村民安居乐业，社会治安稳定，全村呈现出蓬勃发展的良好势头。奇村党支部的工作也得到了上级党委的认可，在 2005 年被冲乎尔乡党委授予“先进基层党组织”称号，2006 年被布尔津县委授予“先进村”、“文化建设先进村”荣誉称号，2006 年被布尔津县委授予“五个好”村党支部等。

表 2－1　奇村党员花名册

序号	姓　名	性别	民　族	出生年月	入党时间
1	张青花	女	俄罗斯	1950.05	1993.03
2	马兴国	男	回	1965.07	2004.07
3	李元贵	男	汉	1965.12	1995.05
4	牛荣霞	女	汉	1962.06	1998.08

续表 2－1

序号	姓　名	性　别	民　族	出生年月	入党时间
5	肖宏生	男	汉	1951.10	1974.07
6	徐吾南	男	汉	1950.05	1974.07
7	牛向臣	男	汉	1965.05	1986.07
8	宦志江	男	汉	1968.08	1995.07
9	冯长润	男	汉	1934.02	1990.11
10	王红军	男	汉	1972.11	1991.08
11	刘正民	男	汉	1966.05	1998.08
12	张运松	男	汉	1981.04	2004.07
13	闰登峰	男	汉	1979.07	2004.07
14	张　军	男	汉	1982.06	2004.07

资料来源：奇巴尔托布勒克村村委会。

表 2－2　奇村党支部成员基本情况

姓　名	性别	民　族	籍　贯	出生年月	学历	职　务
张青花	女	俄罗斯	新疆布尔津县	1950.05	中专	支部书记
马兴国	男	回	甘肃临夏	1965.07	初中	委　员
李元贵	男	汉	甘肃武威	1965.12	初中	委　员

资料来源：奇巴尔托布勒克村村委会。

奇村党支部积极发挥“党员设岗定责”、“党员责任区”、“党员承诺”、“党员扶贫基金”、“四个培养”、“十百千万”富民工程、争当“五个好”党员、“带党徽、亮身份、受监督、做楷模”等党建活动载体的作用，为党员加强党性锻炼、发挥先锋模范作用创造条件。把思想政治教育与农业技术培训结合起来，对党员干部集中进行思想政治、法律法规、市场经济、先进适用技术等方面的教育培训。鼓励和支持党员干部参加党校、成人大中专院校、农业广播电视学校（简称农广校）的学历培训，逐步把是否具备高中、大中专文化程度作为村干部的任职条件，进一步提高村干部的实际工作能力和综合素质。

村党支部采取组织党员参加重温入党誓词、集中学习等活动，使党员的思想觉悟得到了提高。村党支部还着重加强技术培训。为充分发挥党员在发展农村经济、调整农业产业结构中的作用，近年来村党支部先后8次聘请地区科委、县科委、县农技中心的农业技术专家到村里传授农作物高产栽培、家禽及牛羊养殖等先进技术。另外，村党支部充分利用党员电教设备，每月组织党员收看电教片，使每位党员都掌握了1~2门农村实用新技术。一方面，他们要求党员通过自学，将先进的农业技术运用到生产之中；另一方面，每位党员负责向至少10户农户传授新技术。为使电教活动取得应有的效果，村党支部对电教时间和频率也做了认真的布置，每年1~4月为农闲时间，每10天观看一次电教片；5~10月为农忙季节，每月观看两次电教片，且播放时间一般选在阴天下雨或夜间；11~12月为农闲时间，一周观看一次电教片。对于电教内容，村党支部也进行了认真研究，每年1~3月，以党的全国代表大会的文件精神与和谐社会建设典型实例、党的基本知识、党章及党建等内容为主；4~6月，以农业实用科学技术为主要内容；7~8月，以品种改良技术为主要内容；9~10月，以农业实用科技、种植养殖为主要内容，如暖棚的修建、青贮饲料的贮存、玉米的收割等内容。2007年上半年奇村共播放电教片6部，共有13名党员观看6场次，每场平均有3名入党积极分子和16名群众观看。通过党员电化教育，切实起到了宣传贯彻党的基本路线、提高党员素质和加强基层党组织建设的作用，并使广大党员和农民群众学习掌握了新的农牧业实用技术，为早日奔小康开创了新门路。

奇村党支部还推行村校联合试点工作，密切农村学校与村级组织的联系，发挥村小学教师文化素质高、接受新事物快的优势。举办农村成人科技教育培训班，全面提高村民的科技文化水平和农牧业生产技能，培养了一批适应农业和农村发展需要、有文化、懂技术、善经营、会管理、觉悟高的新型农牧民，为推动农牧业生产的科技化进程和农村经济的快速发展闯出一条好路子。

对于在村里没有担任职务的党员，奇村党支部设置一定的岗位，规定相应的责任，以充分发挥党员在村里各项工作中的先锋模范作用。党支部共为无职党员设定了 8 个岗位，每个岗位的职责由两位无职党员协作完成，支部还将无职党员岗位工作的内容作为党员年度评议的重要内容，而且无职党员的岗位工作还要接受广大村民的监督。岗位名称和职责分别如下。

（1）文明新风宣传员，主要职责是协助村“两委”班子负责党的路线、方针、政策及“三个文明”、《公民道德建设实施纲要》的宣传工作，指导村民树立文明新风，勤俭办理婚丧事。

（2）民事调解员，主要职责是协助人民调解委员会调解民间纠纷，并掌握好村情民意，负责协助村委会解决邻里纠纷，调解家庭矛盾等工作。

（3）计划生育工作监督员，主要职责是负责国家计划生育政策的宣传工作，监督计划生育法律法规的宣传执行情况以及准生证件的发放、生育指标的分配对象是否合法等工作。

（4）环境保护宣传员，主要职责是负责本村街头巷尾的保洁监督工作。

（5）工作监督员，主要职责是负责列席村党支部、村委会重要会议，监督村党支部、村委会班子及成员贯彻落实党的方针、政策情况，负责政务、财务、党务公开的监督工作，积极当好村“两委”班子的参谋。

（6）综合治理宣传员，主要职责是负责协助村委会监督村民遵守村规民约、宣传维护社会稳定和治安防范有关知识。

（7）科技致富示范宣传员，主要职责是依靠科技知识和辛勤劳动致富，在种植、养殖等方面积极主动地向群众传授技术，让农牧民依靠科学致富，起到示范带头作用。

（8）扶贫帮困宣传员，主要职责是利用自己的信息、技术、资金等优势，与本村 2～3 户贫困户结成帮扶对子，互帮互助，传授贫困户至少一门以上致富技术，为其制定脱贫致富工作计划，明确增收致富目标，力争使其在短时间内脱贫致富。

为使贫困农户尽快脱贫致富，奇村党支部开展“一帮一”工程，规定干部党员（在村里担任职务的党员）每人联系一个贫困户（称为“党员联系户”），帮助联系户脱贫致富。要求干部党员经常入户了解贫困户的情况，找贫困户座谈，详细了解贫困户的实际困难，帮助制定脱贫的方法与措施，因地制宜，结合实际，采取不同措施，帮助贫困户脱贫，使他们彻底摆脱“等、靠、要”思想，依靠科技勤劳致富。调整种植业结构，以提高被帮扶人的耕作技术为主要目标，帮助解决部分生产资金为辅，实现当年脱贫目标。充分利用乡党委、乡政府拨发的扶贫贷款，并分别由帮扶干部买化肥、农药，亲自送到贫困户家里，要求帮助贫困户施肥，喷洒农药，切实帮扶到户，解决贫困户实际问题。

该村党支部坚持发展党员的十六字方针，本着向青年、致富能手和妇女倾斜的原则，发展优秀青年和素质较高的致富能手加入党组织；把文化高、有开拓精神、会办事、能办事、群众信赖的优秀党员选拔到基层组织中；在推广科学技术时，党员带头使用新技术，各种公益活动党员带头参加，成为村里的榜样；本着“实际、实用、实效”的原则，利用“三会一课”、电化教育、典型示范教育等形式，加大农牧民文化技术学校的硬件建设，改善了教学环境和条件；召开会议让党员进行“双学”、加强对党的基本知识及市场经济知识、民族宗教理论、科技知识的培训，同时播放党员及科技电教片。该村在开展“红旗村党支部”的创建活动中，要求每个党员做到“两爱一改五为”，使该村党建工作得到进一步加强，使基层组织建设工作具体化、规范化。并提出了“两个一工程”的新思路，即“一个党员要像一盏灯一样闪闪发光，充分发挥先锋模范作用，一个党员干部要承包一个贫困户，情系群众，一个党支部要充分发挥战斗堡垒作用，保持一切稳定，一个村班子要振兴一方经济，确保一方安定”。还提出村干部和党员都要用实际行动来体现全心全意为人民服务的宗旨，把抓村党支部管理结合起来，坚持“两个轮子一起转”，增强了基层党组织的凝聚力、战斗力和吸引力，巩固了党在农村的领导地位（见表2－3）。

表 2-3　奇村党员技能统计

姓　名	技能特长	备　注
刘正民	农机维修、科技养畜	—
张青花	奶牛喂养	科技致富能手
牛荣霞	农作物种植	—
马兴国	经商	—
张运松	特色种植	—
李元贵	农机维修、特色养殖	科技致富能手
肖宏生	农业种植、经商	—

资料来源：奇巴尔托布勒克村村委会。

奇村的 14 位党员每年都要带领群众搞好渠道清淤，使村民能够及时取水灌溉。

个案 2-1

奇村党支部书记张青花，女，中专文化，生于 1950 年 5 月，俄罗斯族，俄语名嘎佳，1993 年 3 月加入中国共产党。冲乎尔乡 11 个行政村中，张青花是唯一的女村官，也是唯一的俄罗斯族女村官。她会讲汉语和哈萨克语，俄语只能讲一点。张青花具有明显的俄罗斯人相貌特征，但她讲汉语时带着一些山东口音。她的父亲张志文是山东招远人，1925 年闯关东谋生。为了活计，张志文后来进入前苏联领地当伐木工，认识了当地俄罗斯族姑娘杜夏，两人结婚，生育了 6 个孩子，嘎佳最小，她上面还有 3 个姐姐和 2 个哥哥。由于历史原因，嘎佳的父亲被遣返回国，母亲遂与父亲带着 6 个孩子来到中国，并在冲乎尔盆地居留下来，直到去世。

张青花在奇村任支部书记已经 12 年了。当这么久的村支书与她的公正、无私、上进和奉献是分不开的。当女村官，她既不怕致富路上的困难重重，也不怕四乡八邻的飞短流长，她一心一意抓生产，村里人均收入逐年上升。她有被骗的时候。为了提高经济效益，她率先在自家的土地上试种甘草，甘草刚播种，合作的老板就携款潜逃了。这使她血本无归，家庭经济好长时间都没缓过劲来。从1995年起，她就因带领群众共同致富不断获得各种荣誉称号，光各种获奖证书就有40多个，例如"三学三比"先进女能手，"五个一"活动先进个人，巾帼建功女能手，种植、养殖实用技术辅导员……

近几年来，张青花看准市场形势，下工夫钻研、学习农牧民实用科技，积极发挥党员先锋模范作用，为本村各项工作作出积极贡献，在各方面都起到带头表率作用。同时，通过自己的辛勤劳动，她的家庭经济收入远远高于本村其他村民的收入。至2007年9月，她家有小四轮拖拉机一台，播种机、犁地机一套，同时家里还饲养了20只羊，10头西门塔尔牛，13头土牛，100只土鸡，已成为冲乎尔乡闻名的富裕户。

个案2-2[①]

张世雄，男，1935年3月出生，1955年加入中国共产党，1952年10月参加中国人民志愿军进入朝鲜作战，1958年12月回国。1965年张世雄从甘肃举家搬到新疆布尔津县冲乎尔乡奇村种田。在复员后50年的日子里，始终坚守入党誓词，用实际行动践行一个党员的庄严承诺。

---

① 资料来源：布尔津党建、远程教育网。

自从他迁居奇村后，只要村里谁家有困难，他遇到后定会尽力去帮一把。在部队他曾是卫生员，也正因此，村民们有个什么小病都找他。老人对患者全部义诊。看病不管有多晚，不管有多忙，只要他知道，一定会尽快赶去。有时一些特困的村民连买药的钱都没有，老人就自个儿垫钱给他医治。据村民闫永回忆，1973 年冬天，他哥哥突然得了急性胸膜炎（在当时，乡里医院治不了这种病），如果不及时医治将会有生命危险，怎么办？张世雄果断建议赶紧送出乡外去看病。当时的天特冷，交通工具只有马爬犁，病人必须四个小时打一次消炎针，张世雄二话没说也加入了抢救队伍。他们在路上走了 10 多个小时才到达当时离乡上最近的一家兵团医院，病人这才算脱离危险。村党支部书记张青华说，张世雄在村里做过多少好事，谁也记不清了，但现在奇村村民提起张世雄这个人，都竖大拇指。

1999 年张世雄老人把家从农村迁到县城后，一直居住在神湖社区一平房区。据时任该社区居委会主任张静说，附近唯一的公厕每逢下雨就无法进人，老人见状就挨家挨户地做工作，起初居民们有些不愿意去干，但实在拗不过老人，每家出了一个劳力修好了公厕。从那时起老人又多了一份“工作”——与老伴分别打扫男女厕所卫生。自搬到社区后，就义务担任起了小区的“管理员”。谁不注意卫生，乱倒垃圾、脏水，他就主动把垃圾清理到指定地点，还要上门对其进行“养成教育”；遇到刮风下雨天，谁家窗户没关，哪户晾晒的衣服没收，都是张世雄老人最操心的事。日子久了，居住在社区的居民都知道自己片区里有个热心人，大家外出都很放心，还推选老人当了居民小组长。“不管做什么事情，不干也就罢了，要干，就一定得干好。”

张世雄老人说这话时，态度显得很坚决。的确，自从担任了居民小组长，老人感觉自己肩上的担子更重了，不仅要管好小区的卫生，还要兼顾小区的治安、计划生育、流动人口管理等工作。老伴担心他操劳过度身体受不了，渐渐地也开始帮助他干一些力所能及的事，结果被居民们亲切地称为“副组长”。周围一些退休在家的老同志在张世雄老人的影响下，纷纷加入居民小组，义务为社区居民办实事好事。日子长了，张世雄老人的所作所为，在社区乃至整个县城都有了很好的口碑。老人先后被县上评为“十佳社区居民”、“讲文明树新风先进个人”、“优秀市民”等荣誉称号。

第二节　村民委员会

根据《中华人民共和国村民委员会组织法》，村民委员会是村民自我管理、自我教育、自我服务的基层群众性自治组织。村民委员会负责办理本村的公共事务和公益事业，调解民间纠纷，协助维护社会治安，向人民政府反映村民的意见、要求和提出建议。

近年来，县委把村级组织办公活动场所建设作为社会主义新农村建设和加强基层政权建设的重要抓手，按照统一施工图纸、统一规划土地的原则，依托自治区村级组织办公活动场所建设、少数民族地区“三室”建设等项目，多方筹集资金。从 2006 年起，利用三年时间共投入资金 1024 万元新建村级办公活动场所 47 个，维修、改扩建 11 个，工程建设包括办公室主体、院落硬化绿化、国旗台、篮球场、户外健身器材和院墙建设，并配套完成了党员干部远程教育站点建设。奇村村委会就是这一工程的受益者。高高飘扬的国旗、鲜红夺目的彩钢屋顶已经成为奇村基层政权阵地最为鲜明的标志。

奇村村委会是一个团结向上的领导集体。为加强村后备干部队伍建设，不断提高干部素质，为干部的年轻化、知识化、革命化、专业化创造条件，加速新老干部的更新和转换。村委会还制定和实施后备干部选拔培养培训计划，将复员退伍军人、优秀党团员、务工经商能手、有一定政治觉悟、年富力强、能为广大农牧民办实事、有致富本领、科技种植面广、技术能力强的同志纳入后备干部队伍中来。村委会对后备干部采取两年一选拔、三年一调整的办法，对后备干部进行动态管理、集中教育和岗位培训。村委会还定期对后备干部进行关于农村各项方针、政策的培训，并进行科学技术的学习。而且村委会对后备干部进行严格考察，对那些事业心不强、不能胜任现职的后备干部及时进行调整。

关于村委会及村干部的基本情况，村长告诉我们：

> 村干部文化程度，都是中专毕业。村长、副村长都是农广校毕业。村干部都是村民选举产生的。村干部的工资补贴3600元/年，没有其他收入，没有效益工资。村委会有文化室、活动室和医务室。没有五保户供养站。现在村里五保户每年给1200元的生活补助。

我们可以从下列获奖荣誉中领略到近年来奇村村委会工作取得的骄人业绩。

2004 年被冲乎尔乡党委评为“先进基层党组织”。

2004 年被冲乎尔乡党委评为“综合评比先进村”。

2004 年被布尔津县委评为“发展壮大集体经济先进村”。

2005 年被冲乎尔乡党委授予“先进基层党组织”称号。

2005 年被冲乎尔乡党委授予“计划生育先进村”称号。

2005 年在冲乎尔乡党委举办的综合评比中荣获一等奖。

2005 年被县司法局、民政局评为“民主法制示范村”。

2005 年被冲乎尔乡党委评为“科学技术推广先进村”。

2005 年被中共冲乎尔乡妇女联合会授予“妇联工作先进集体”荣誉称号。

2006 年被中共布尔津县委授予“先进村”荣誉称号。

2006 年被阿勒泰地区委员会授予“先进基层党组织”荣誉称号。

2006 年被中共布尔津县委授予“五个好”村党支部荣誉称号。

该村村委会努力完善村民自治管理机制，制定村规民约，从规范村务管理上下工夫，切实实行村务公开，张榜公布村中的日常开支等，做到各种账目日清月结，接受群众的监督，有力地促进了和谐农村的建设。该村干部每天都怀揣一本民情日记，把群众的所需所急记在本子里，并及时解决。每年 5 月，该村村委会都要组织村民对本村的道路进行平整、绿化和美化。

个案 2－3

马兴国，男，回族，初中文化，1965 年 7 月出生，甘肃临夏人（见下图）。1996年担任奇村四组组长，2002年3月，在村民极力推选下，担任起奇村村委会主任。2004年7月加入中国共产党，现任奇村村委会主任。他急群众之所急，想群众之所想，一心一意为群众谋福利，办实事，不仅自己富了，还帮助广大农民搞多种经营，传授科学种田知识，为奇村各族农牧民致富奔小康奠定了基础。曾荣获“县十大杰出青年农牧民”、“科技示范户”等荣誉称号。提起他的名字，村里的人无不称赞。

图2-1　劳动中的马兴国（摄于2007年9月15日）

为了使本村的村民早日脱贫致富，他挑选了基础最差、最穷的小组作为自己的责任组，并打破常规用人方式，启用懂技术、会管理的一名青年能手当小组长，这一措施的采用，充分调动了组内村民农牧业生产的积极性，极大地促进了农牧业生产新技术的应用推广。在“授之以渔”的“造血”扶贫模式引导下，当年该组就创下了人均增收210元的业绩。

马兴国从解决农村“四难”问题抓起：一是结合新农

村建设，抓好村庄的改造，积极动员村民进行植树美化家园活动，目前全村路通、电通，村民都能饮上清洁卫生水；二是发动村民积极参加新型农村合作医疗，解决群众看病难和大病统筹的问题；三是主动联系商户帮助村上的养殖大户进行牛、羊等牲畜的销售，解决了农民销售难的问题；四是2006年新建起了村委会宣传橱窗，硬化了村文化活动中心的路面，进一步亮化了村委会的花草树木，加强了村党支部和村委会办公设施建设，深受群众的好评。

作为村委会主任，看到其他地方的农民种植打瓜走向了致富道路，他心里也很痒痒，于是2006年他在全村率先种起了打瓜。因为缺少经验，他经常到村上的远程站点，向那里的站点操作员请教问题，只要有关打瓜种植的技术，他都要看，都要学，最终10亩地喜获丰收，赢利6000元。尝到甜头的马兴国没有忘记其他村民，他逢人就说打瓜的生产效益高，让大家也一起种；他深知不懂种植技术的艰难，为帮助群众把知识转化为技术，马兴国把自己的打瓜地开办成远程教育示范实践基地，供群众现场学习、交流、演示，牢固掌握打瓜种植技术。为了排除大家的后顾之忧，他又主动联系大的收购商，让本村的打瓜种植走向了订单产业。2007年奇村种植打瓜已达到3000亩，成为全村的主要产业支柱。奇村也是一个种植黄豆的大村，2006年的黄豆价格一直呈上涨趋势，如何把握销售时机成为大家最为关心的问题。马兴国了解到这一情况，立刻就想到了远程教育，他找到了远程站点管理员，说明了情况，在管理员的帮助下通过网络查询帮助种植户准确把握了市场的最新动态，给原本沉不住气的种植户们吃了一粒定心丸，使大多数人的黄豆出售价格都在2.30元/公斤以上，最高达到了

2.80元/公斤，进一步增加了村民的经济收入。百姓们见了马兴国就说："幸好你给的信息及时、准确，让我们卖了个好价钱。"现如今他又在琢磨红豆、花芸豆等其他特色种植物了，村民们常常说马兴国不是一个"安分"的人，这时候他就笑着说："现在的我不担心了，村里有了远程站点，有什么困难就找它帮忙了。"如今奇村已掀起了一股特色种植浪潮，而每当谈到特色种植，大家都会想到马兴国。

2007年的春耕备耕之际，得知村上13户贫困户购不起种子和化肥，他便亲自出马，向信用社介绍困难户的情况，经过多方周折，终于为村上这13户贫困户争取到了贷款，确保了农民春耕生产！

罗永连一家是居住在本村的壮族人家。几年前罗永连夫妻二人身患重病，丈夫患癌症，妻子得了脑膜炎，两口子感觉到将于世不久，决定回老家看病。临走前，马兴国在车站见到了这夫妇二人，为二人买了50元的路上用品。二人表示回老家之行凶多吉少，恳请马兴国关照自己的三个孩子，他一口应允。后来这二人回老家后真的就此去世了，三个孩子成了孤儿。马兴国以村委会的名义买了价值500元的大米、面粉等物品，给三个孩子送去。之后，他动员全村的党员、干部每人捐款50元，总计捐款850元给了三个孩子。但由于这一数额依然很小，马兴国又带着孩子去全村挨家挨户跑，一共募集捐款2700元。很多村民因为顾及马兴国的面子，捐款10～50元不等。这几个孩子目前生活状况良好，都在外地上学。为了这些孤儿能生活稳定幸福，马兴国不停地跑县残联、县民政局、县扶贫办、香港红十字会等部门和单位，给这些孩子找来面粉、钱和衣物。村上每年还给三个孩子500元的煤炭钱。他们家的地也包出去了，每年有一定的收入。2006 年这三个孩子还办理了低保。至今马兴国还不断地关心他们。

村里有一位“五保户”刘水泉，男，67 岁，多年来一直是村干部照顾，为其送水、送饭。前几年生病后因为这里没有亲戚，没有人管，马兴国就亲自拉着他去医院看病。因为老人平日不大洗澡，医院不愿意收，马兴国便带他去乡里的澡堂洗澡，又买了新衣服给他换了，才送去医院。由于病情较为严重，老人要求回老家。马兴国便一路背着老人送去乌鲁木齐，一直背着老人送上火车。老人回到家乡后不久就病逝了。

本村的几户残疾人劳动起来不方便，家里条件不富裕。马兴国考虑到他们的实际困难，主动在每年秋季，用自己家的农业机械为他们免费脱黄豆。

2007 年马兴国帮助村民甘友才贷款买了一辆价值 4.7 万元的吉利小车，专门跑布尔津、喀纳斯和禾木。一般去布尔津价格为 20 元/人，一车四个人为 80 元/车，一天能跑两个来回。全村这样的车有 5 ~ 6 辆，而跑长途客运的小型客车有 12 ~ 13 辆。这些都倾注了马兴国多年的心血。

每年春季为全村跑化肥、种子和农业贷款成了马兴国不可缺少的工作。有一年县上订了一批种子，当时是县里补贴 2 元，村民自己出 2 元，但最后拉到村里的种子并不是原来所说的“东北黑河五号”，而是本地产种子。马兴国直接把这些种子拉回县种子公司要求退换。当时种子公司一共进了这种东北种子 30 多吨，结果不得不给马兴国 18 吨。就是这些种子使得当年村里的作物产量远远高于邻村产量。许多村民为此深深感谢马兴国。

马兴国自己是 2004 年开始搞育肥，在外做生意，通过经营粮食、牛羊和煤炭收购与销售开始逐渐富裕起来的。当时全村的经济发展情况远不如现在，只有3～4户人家尝试着在做生意。富裕起来的马兴国并不忘记自己的职责，坚持将为民服务放在第一位。作为村委会主任，他享受政府给予的补贴10元/天，全村一年的办公经费也只有3900元，但马兴国每天的电话费、车辆使用的汽油费、误工损失费等合计超过50元。以此计算，他每天的损失达到40元。作为乡里的致富带头人，马兴国今年（2007年）投入大量贷款资金买入黑白花牛，支持乡种植养殖大户计划。但由于这种牛的价格较高，对饲料的要求也很高，产奶量目前也并不理想，加上买牛占用了大量贷款，今年（2007年）马兴国的年终收入可能出现亏损。但考虑到大家的利益，马兴国并未就此退缩。

马兴国释放着一个普通百姓的所有能量，在广大村民心中筑起了一道无私为民的坚实长城。通过艰苦创业和坚韧不拔的精神，致富思源，富而思进，利用远程教育为绿色产业撑起了一片蓝天。他说："今后，我将带领群众沿着这条路继续走下去。"

第三节　共青团组织

共青团是中国共产党的后备队，团员青年在各项工作中都走在前列，在群众中尤其在青年中发挥着先锋模范作用。共青团在农村的基层组织在凝聚广大农村青年和动员农村青年积极参与农村各项事业的建设方面发挥着重要作用，是社会主义新农村建设的一支重要力量。奇村团支部在协助本村党支部搞好本村各项工作、团结本村青年以及提高青年农民的农业生产知识和技能方面发挥着应有的作用。

奇村团支部结合奇村实际，广泛开展各项团组织活动，极大地丰富了团员青年的业余文化生活，对促进奇村的三个文明建设，维护民族团结，增进各民族之间的相互交流、相互了解，起到了巨大的推动作用。

村团支部根据“团建不合格，党建不评优”的原则，每年初与冲乎尔乡团委签订“团工作目标管理责任状”，年终由乡团委书记和分管党建的乡党委领导列单打分，与党建工作责任状同步进行考核。在党团共建方面，实行“协一助一”，即要一名团员协助一名党员共同联系一户贫困户，使其脱贫。

奇村团支部还对本村入团积极分子进行共青团知识培训，对本村团员青年进行党的知识培训，积极向党组织输入新鲜血液。为增强团的凝聚力，奇村团支部推行“一带二”活动，即一个团员带两名青年向团组织靠拢。2006 年奇村团支部推荐 1 名优秀团员入党，培训了 3 名入团积极分子，充分发挥了基层团组织的模范带头作用。为吸引更多非团员青年加入到团组织中来，奇村团支部充分利用黑板报、标语、上团课的形式进行广泛持久的宣传，提高了团员青年对团组织的认识以及非团员青年的入团积极性。

在抓好理论学习的同时，奇村团支部还注重加强科技知识、市场经济知识的培训，重点进行种植养殖等新技术培训，要求每个农牧民团员青年掌握 1 ~ 2 门实用技术，每年至少培养一名团青年科技致富能手，以点带面，促使农业增效，带动农民增收。为使青年农民尽快致富，奇村团支部每年都要举办科技推广项目，大力开展农村青年实用技术培训，培养星火带头人。推行“学一传十”，即要求团员学习一门实用技术，负责传播给10个青年农牧民。村团支部经过努力，逐步培养了一支能适应市场经济发展需求，能团结带领群众脱贫致富奔小康的农村青年队伍。目前，全村已有85%以上的团员青年掌握了至少一门农牧业生产技术。

村团支部还定期组织各种活动，丰富广大团员青年的业余生活，提高团组织的影响力。2005年5月4日，为庆祝五四青年节，在村党支部、村委会、村团支部的组织下，奇村养殖示范区举行了令人精神振奋的文体娱乐活动，群众参与率很高。奇村团支部还每年举办乡村青年文化节。2007年4月，在乡团委的带领下，村团支部举办了“植绿护绿”及“青年文明一条街”创建活动。

个案2-4

李元贵，村团支部现任书记，甘肃武威人，1965年12月出生，初中文化程度，1995年9月加入中国共产党，兼任村党支部委员和村委会副主任。

第四节 妇女儿童工作

妇女联合会（简称妇联）的基本职能是代表和维护妇女合法权益，促进男女平等。妇联在农村地区行政村的组织是妇女代表会，主要任务是团结、动员妇女投身改革开放和社会主义现代化建设，促进经济发展和社会全面进步；教育、引导广大妇女发扬自尊、自信、自立、自强的精神，提高综合素质，促进全面发展；维护妇女儿童合法权益，为妇女儿童服务，协调和推动社会各界为妇女儿童办实事。奇村妇女代表会在主任牛荣霞的带领下，为促进男女平等、维护该村妇女儿童的合法权益发挥着积极的作用。

村妇女代表会（简称妇代会）围绕和谐社会建设和文明家庭创建，开展好四项主题活动，即“男女平等基本国策知识竞赛”、“五好文明家庭创建活动”、“家庭才艺表演”和“全村妇女干部培训班”。其中有些活动安排在农闲时节举行，不影响该村的农业生产活动。在村妇代会的宣传和动员下，村里的各族妇女积极参加这些活动，使村里的妇女儿童工作进行得热火朝天。

妇女儿童活动方面，村委会在“三八”妇女节时在村办公室举办活动，唱歌跳舞什么的，由村委会出钱买些东西。孩子们过“六一”儿童节的时候也有。学校一般会组织活动，请乡里或村里的干部去参加这些活动，村干部会带一些礼物去。（村妇代会主任语）在村大事记中就记录着：2005 年 3 月 7 日，为庆祝“三八”妇女节，在村委会的组织下，开展了庆祝“三八”妇女节活动，全村 80% 的妇女同志参加了庆祝活动。

奇村妇代会还密切配合民政及计划生育工作部门，坚决杜绝超生和非法婚姻，就地处理所出现的问题，不能解决的及时上报有关单位。由于旧观念根深蒂固，村里有些育龄夫妇产生了超计划生育的想法。针对这一现象，村妇代会组织有关夫妇进行座谈，或者单独做思想工作，使他们解放了思想，杜绝了超生现象的发生。该村是一个多民族村，不同民族有不同的习俗，加上村民的文化程度参差不齐，为非法婚姻的出现创造了一定条件。为此，村妇代会在主任牛荣霞的带领下，详细了解有关情况，并向有关人员讲解婚姻法律知识，将非法婚姻消除在萌芽状态。如果碰到不能处理的情况，妇代会就及时上报有关部门。

村民家里发生夫妻纠纷后，村妇代会主任会主动上门进行调解，给他们讲国家的男女平等政策，有关夫妇也都愿意听从调解。现在村里丈夫打老婆的现象也没有了。目前重男轻女和妇女在家中受歧视的情况基本没有，妇女基本都能在家里有地位。在汉族中，男女平等，哈萨克人也好。但回族中情况有不同，尤其是老一代中情况较为严重，这可能与他们的民族传统有关系。但年青一代有所改变，基本不存在这种情况了。（村妇代会主任语）

村民因为家里夫妻吵架来找村干部的（事情）基本上没有出现过。村民家里发生纠纷后，我们村干部也有主动上门进行调解的。有时候我下去工作会碰到这种情况，我就给他们讲国家男女平等的政策，村民都很听呢！现在打老婆的情况也没有了，年轻人相互尊重，回族中也没有这种现象了。（村妇代会主任语）

个案 2－5

牛荣霞，村妇代会主任，汉族，女，山东人，1962 年 6 月出生，初中文化，1998 年 8 月加入中国共产党。1995 年至今 12 年，一直担任本村的妇女和计划生育干部。

第五节　民兵组织

布尔津县山区面积大，地形复杂，农村人口较多且居住比较分散，给社会稳定特别是治安防范与管理工作增加了难度，迫切需要有一支维护地方治安的中坚力量。发挥武装部门指导下的民兵组织作用，实现专群结合、群防群治，是新形势下维护农村社会稳定的必由之路。一方面，民兵具有保家卫国的光荣传统，其三大任务决定了民兵必须参与综合治理，维护社会治安，在改革开放的新形势下，维护地方治安、服务经济建设也是法律赋予民兵组织的重要任务；另一方面，民兵队伍从群众中产生，平时参与经济建设，既不增加农民负担，又能够担当得起维护治安的任务，增强农村治安防范力量。基于这个认识，县委、县政府牢固树立“国无防不稳，民无兵不安”的思想，不断强化国防意识，把军地共建平安、构建和谐社会摆上重要位置，纳入议事日程，重视加强武装部门指导下的民兵组织建设，调动其参与社会治安综合治理的积极性，在上级党委和军分区领导下，经过多年的整组训练，布尔津县民兵逐步成为一支组织健全、训练有素、纪律严明、善打硬仗的队伍，在平安建设中发挥了主力军作用。

奇村位于乡政府驻地以北 2 公里处，流动人口较多，这为该村的社会治安带来一定的隐患。为了加强对本村社会治安的综合治理工作，奇村民兵分队对民兵队员定期进行技能培训，并组织民兵在本村主要道路巡逻。

奇村民兵分队将抢险救灾作为一项光荣而重要的任务。民兵发扬特别能吃苦、特别能战斗、特别能奉献的精神，及时完成了很多急难险重任务。同时，积极配合政法部门专项行动，在人员清查、巡逻设卡、伏击守候、维持秩序、围堵犯罪嫌疑人等任务中发挥骨干作用。在禽流感防治以及其他应急活动中，村民兵队伍冲在前，不怕牺牲，发挥了重要作用。

积极支持本村经济建设。奇村民兵分队是一支政治可靠（以党团员为主）、素质过硬（强化培训，规范管理）的民兵队伍。复退军人在村工作中起到“四个作用”，即村“发家致富的带头人，村干部的领头雁，抢险救灾的尖刀兵，社会稳定的先锋队”。奇村民兵分队每年都配合乡有关部门完成牲畜清点及春耕备耕工作。

配合乡边防派出所、乡综合治理办公室的工作，为该村的维稳工作作出贡献。由于民兵巡逻，维护基层治安，奇村民兵分队成为维护基层治安的一支重要力量，大大强化了奇村第一道防线。民兵量大面广，日夜活跃在基层治安第一线，震慑了一批犯罪分子，预防了一批突发性案件的发生，终止了许多正在发生的违法犯罪活动。其次，民兵巡逻，有力配合了公安部门打击违法犯罪的工作，增强了广大村民的安全感。在打击违法犯罪活动斗争中，民兵分队积极参战，设卡堵截，搜查追捕，对于协助公安政法机关及时破案、从快从严打击违法犯罪分子发挥了重要作用，成为基层公安机关的得力助手。

奇村民兵分队组织得力，出击迅速，成为应对突发事件的重要力量。村民兵分队作为一支应付突发事件的防暴力量，既是社会治安巡逻队，又是各种突发事件的应急分队，一旦发生紧急情况，能够反应迅速，行动及时，有效控制事态。此外，奇村民兵分队还有力推动了普法教育和依法治理工作的开展。民兵人数较多，分布面广，其本身就是治安积极分子，民兵直接参加治安巡逻和值勤，影响和带动了包括其家庭成员在内的一大批职工群众学法守法，增强了依法协调解决民事纠纷的能力。

在每年第四季度，村民兵分队要做好兵役登记工作，同时展开征兵工作宣传，并配合乡武装部完成民兵的军事化训练任务及退伍军人预备役的宣传动员工作。

个案 2－6

张运松，奇村民兵分队队长，男，汉族，1981 年 4 月出生，2004 年 7 月加入中国共产党，兼任奇村治保主任。

第六节　综合治理与环境保护

综合治理工作成绩是衡量基层组织建设好坏的一个重要指标。奇村村党委和村委会两个班子非常重视村综合治理工作，坚决贯彻落实党政“一把手”责任制。2006 年 1 月，他们成立了奇村社会治安领导小组，认真组织干部、村民学习宪法，学习与生产、生活相关的法律、法规和社会治安文件，提高对治安综合治理重要性的认识；积极配合乡边防派出所加强对外来人员的管理，做到“人来登记、人走注销”，并定期核对外来人员的进出情况，坚持每月一次的不安定因素排查制度，发现有违法现象的苗头及时制止，做到大事化小、小事化了，将问题解决在萌芽之中，确保全村安全无事故，无聚众赌博，无卖淫嫖娼，无贩卖毒品，无非法宗教、邪教活动，为村民创造一个安居乐业的良好环境。

该村每年初都要依照乡政府当年综合治理工作目标，安排全村稳定工作。每年初，奇村都要召开村干部、村民小组长、调解员、党员、退休老干部大会，会上强调社会稳定的重要性。村党支部书记张青花负责对综治工作做出安排。如果发现不稳定因素，或者该村发生纠纷，他们能及时上报并及时处理，做到依法办事，搞好村民自治，把矛盾和纠纷尽量消除在萌芽状态。

在综合治理工作中，该村坚持以维护稳定为目标，坚持打防结合、预防为主的方针，及时排查和掌握不稳定因素和民间纠纷情况，处理纠纷做到“早、快、尽”，每月对村里的各类纠纷进行一次大排查活动，对不稳定因素进行分析、研究并处理好，发现重大问题及时上报到乡综合治理办公室。2006 年该村共调处大小民事纠纷 21 起，调解成功 20 起。

2007 年该村配合县交警部门开展“道路交通安全”活动，搞好交通安全的专项治理，确保该村各路段的安全畅通，取得了较好的成绩，得到了县交警队和村民的好评。

此外，该村对每年的社会治安综合治理工作目标、方针、政策进行广泛宣传，做到家喻户晓，对全村村民重点宣传《未成年人保护法》、《人口与计划生育法》、《婚姻法》、《农村土地承包法》、《安全生产法》等法律法规，增加了村民的法律法规知识，增强了村民的法律意识。

为了做到将问题解决在萌芽状态，该村成立了民事调解工作领导小组，由村支书、村委会主任、副主任、村委委员和各组组长组成，具体的调解工作由村民事调解员负责（见表 2－4）。

该村把反邪教工作摆上重要位置，专门成立了由村委会主任任组长的防范和处理邪教工作领导小组，制定了反邪教警示教育活动的计划，落实了反邪教工作制度、规定等。利用冬春的农闲时间，采取形式多样的方式，开展以“崇尚科学、关爱家庭、珍惜生命、反对邪教”为主题的反邪教警示教育活动。结合荣辱观教育开展了“以崇尚科学为荣，以愚昧无知为耻”的荣辱观宣传教育活动，增强了农牧民的防范意识。

表 2－4　奇村民事调解人员名单

姓名	性别	民族	年龄	文化程度	政治面貌	掌握语言
张青花	女	俄	56	中专	党员	汉、哈
马兴国	男	回	38	初中	党员	汉、哈
李元贵	男	汉	38	初中	党员	汉
牛荣霞	女	汉	42	中专	党员	汉

资料来源：奇巴尔托布勒克村村委会。

为有效管理本村宗教事务，奇村成立了宗教事务管理工作领导小组，由村支书、村委会主任和清真寺寺管组成。在宗教事务管理方面，实行“三管一负责制”，即管好宗教人士，管好宗教场所，管好宗教活动，主要领导对村清真寺实行承包管理制，与清真寺寺管定期谈话，每年签订一次宗教事务管理责任状，预防各类民族分裂活动和非法宗教活动的发生。除了对宗教人士进行宗教管理法律宣传外，村“两委”还利用农闲时间对全村的各族宗教人士以及信教群众，继续做好《宪法》、《婚姻法》等法律知识的宣传工作，有效增强了各族宗教人士的爱国爱教意识。同时，该村在节假日期间专门组织各族宗教人士座谈会，对各族宗教人士及时传达了上级文件精神及安排部署，使该村宗教事务正常进行。

村治安分队、调解委员会发挥各自的作用，及时处理存在的问题，防止民事治安案件转化为刑事案件，杜绝重大恶性案件的发生，在节日期间，实行 24 小时值班制，确保各族村民过一个安定祥和的节日，做好防火防盗工作。村上几乎没有发生过刑事案件。现在旅游业发达，也可以去挖虫草，或者去工地上干活，这些都能挣钱，随便50元/天。年轻人不再喝酒闹事了，吸毒、赌博的没有，小的闹着玩儿的有呢！（村长语）

对于流动人口及“两劳人员”，采取各种有效的措施，做好对流动人口的管理工作和“两劳人员”的帮教工作。

村里有2个刑满释放人员，在务农，表现很好，日子也过得挺好，在村里没有不良影响。当初的案件也是偷窃这样的小案件。（村长语）

奇村还成立了普法工作领导小组。该村委会集中力量，采取发放法制宣传卡片，张贴标语，悬挂横幅，反邪教、禁毒图片展等多种形式进行普法教育，使村民法律意识有了很大提高。同时，每年利用“法制宣传月”，以与农牧民生产相关的《草原法》、《农业法》等法律法规为主题，对本村各族群众进行普法宣传。另外，为进一步提高青少年法律意识，该村加强了对青少年的普法宣传工作，有效预防了青少年犯罪现象的发生。

为搞好本村的平安创建工作，该村成立了以村支部书记为组长，村委会主任为副组长，治保、调解、计生、老龄、妇女干部为成员的平安创建领导小组。从村集体经济收入中拿出2000余元，作为创安工作经费，并单独设立了办公室。他们充分利用广播、宣传标语等多种形式，进行平安创建宣传工作。每年对村社会治安、信访等各类民事纠纷开展四次“矛盾纠纷大排查”活动。对排查出的问题登记造册，并认真调解处理。在乡边防派出所的帮助下，该村对人口居住情况展开了全面摸排工作，并逐项登记造册。他们还加强流动人口中的隐蔽力量建设，以便及时、准确地掌握暂住人口中的违法犯罪线索，为现实斗争服务。

附[1]：《奇巴尔托布勒克村宗教事务管理责任状》、《奇巴尔托布勒克村2007年安全生产完成目标措施》、《奇巴尔托布勒克村村规民约》

奇巴尔托布勒克村宗教事务管理责任状

为了加强对宗教事务的管理，使宗教事务纳入法制化、轨道化进程，打击民族分裂主义和非法宗教活动，特和村清真寺寺管签订年度宗教事务管理目标责任状。

一、宗教活动必须在宪法、法律允许的范围内开展，严禁进行非法宗教活动。

二、宗教不得干预行政、教育、婚姻、计划生育、遗产分割等事务，严禁未成年人进入清真寺诵经、礼拜。

三、清真寺主持人人选须经乡党委和宗教主管部门同意，严禁外来人员在清真寺礼拜、讲经。

四、清真寺重大活动事先须得到村党支部同意后方可进行，严禁跨区进行宗教活动。

村党支部：　　　　　　　　　　清真寺寺管：

年　月　日　　　　　　　　　　年　月　日

奇巴尔托布勒克村2007年安全生产完成目标措施

为切实加强我村安全生产工作，确保不发生特重大事故，全面完成乡党委既定目标，特制定本措施。

---

① 资料来源：奇巴尔托布勒克村村委会。

一、各单位要认真贯彻“安全第一、预防为主”的方针，认真执行国家有关安全生产的法律法规和方针政策，落实国务院和自治区安全生产工作电视电话会议精神，遏制特重大恶性事故，减少其他各类伤亡事故的发生。

二、组织机构健全，成立村级各单位安全生产委员会或领导小组，每季度召开一次安全生产工作会议，结合本单位实际情况，制定安全生产管理制度，积极主动向乡安委会汇报安全生产工作情况，每季度不少于一次，把安全生产工作与其他计划同检查、同部署、同终结，并形成会议纪要，各单位要有特重大事故应急救援预案，配备足够的安全生产主管工作人员，有效开展工作。

三、加强安全生产宣传教育，提高全民安全生产意识，利用黑板报、标语等宣传贯彻《安全生产法》及有关安全生产法律法规，组织开展“安全生产”和“119 消防宣传日”等安全培训工作，落实安全生产管理人员和从业人员安全培训工作。

四、在重大节假及春耕、夏收、秋收期间，村级领导干部及下属领导应积极组织开展有针对性的安全生产宣传教育，进行安全生产检查，防止事故的发生，对安全生产中发现的事故隐患，制定整改措施并落实到实处，对群众举报事故及时调查处理，按国家和自治区有关规定及时准确上报各类事故和安全生产信息。

五、加大安全生产投入和重大事故整改力度，明确具体的要求和目标，跟踪整改，确保安全，加强对建设项目安全设施实行“三同时”监督管理工作。

六、指导和监督村民的安全生产工作，组织制定安全生产公约，教育村民，自觉遵守，进行经常性的安全生产检查，职责范围不发生危及居民安全生产的事故。

七、按照“四不放过”的原则，认真查处各类事故，严厉追究有关责任人责任，落实事故处理决定，事故结案率达到100%。

八、严格承包、出租过程中的安全生产管理规定。

奇巴尔托布勒克村村民委员会

2007年1月25日

奇巴尔托布勒克村村规民约

为了推进我村民主法制建设，维护社会稳定，树立良好的民风、村风，创造安居乐业的社会环境，促进经济发展，建设文明卫生新农村，经全体村民讨论通过，制定本村规民约。

一、社会治安

1. 坚持四项基本原则，自觉遵守和维护国家的各项法律、法令、法规。每个村民都要学法、知法、守法，自觉维护法律尊严，积极同一切违法犯罪行为做斗争。

2. 村民之间应团结友爱，和睦相处，不打架斗殴，不酗酒滋事，严禁侮辱、诽谤他人，严禁造谣惑众、搬弄是非。

3. 自觉维护社会秩序和公共安全，不扰乱公共秩序，不阻碍公务人员执行公务。

4. 严禁偷盗、敲诈、哄抢国家、集体、个人财物，严禁赌博，严禁替罪犯藏匿赃物。

5. 严禁非法生产、储存和买卖爆炸物品，不得私藏枪支弹药、爆炸物品，要及时上缴公安机关。

6. 爱护公共财产，不得损坏水利、道路交通、供电、通信、生产等公共设施。

7. 严禁私自砍伐国家、集体或他人的树木，严禁损害他人庄稼、瓜果及其他农作物，加强牲畜看管。

8. 对违反上述条款者，触犯法律法规的，报送司法机关处理。未触犯刑律和治安处罚条例的，由村委会批评教育，责令改正。

二、消防安全

1. 家庭用火做到人离火灭，严禁将易燃易爆物品堆放户内，定期检查、排除各种火灾隐患。

2. 对村内、户内电线损坏的要请电工及时修理、更新，严禁乱拉乱接电线。

3. 加强村民尤其是少年儿童安全用火用电知识宣传教育，提高全体村民的消防安全知识水平和意识。

三、村风民俗

1. 提倡社会主义精神文明，移风易俗，反对封建迷信及其他不文明行为，树立良好的民风、村风。

2. 提倡喜事新办、丧事从简、勤俭节约，反对大操大办铺张浪费。

3. 不搞封建迷信活动，不听、看、传淫秽书刊、音像，不参加邪教组织。

4. 建立正常的人际关系，不搞宗派活动。

5. 积极开展文明卫生村建设，搞好公共卫生，加强村容村貌整治，严禁随地乱倒乱堆垃圾、秽物，修房盖屋余下的垃圾碎片应及时清理，柴草、粪土应定点堆放。

6. 建房应服从建设规划，经村委会和上级有关部门批准，统一安排，不得擅自动工，不得违反规划或损害四邻利益。

违犯上述规定的给予批评教育，情节严重的交上级有关部门处理。

四、邻里关系

1. 村民之间要互尊、互爱、互助，和睦相处，建立良好的邻里关系。

2. 在生产、生活、社会交往过程中，应遵循平等、自愿、互惠互利的原则，发扬社会主义新风尚。

3. 邻里纠纷，应本着团结友爱的原则平等协商解决，协商不成的可申请村调解委调解，也可依法向人民法院起诉，树立依法维权意识，不得以牙还牙，以暴制暴。

五、婚姻家庭

1. 积极争创“文明户”、“五好家庭”，做到家庭和睦，邻里团结，尊老爱幼，重视教育，提倡社会主义精神文明，树立良好的社会风尚。

2. 婚姻大事反对包办干涉，男女青年结婚必须符合法定结婚年龄要求，提倡晚婚晚育。

3. 自觉遵守计划生育法律、法规、政策，实行计划生育，提倡优生优育，严禁无计划生育或超生。

4. 夫妻地位平等，共同承担家务劳动，共同管理家庭财产，反对家庭暴力。

5. 父母应尽抚养、教育未成年子女的义务，禁止歧视、虐待、遗弃女婴，破除生男才能传宗接代的陋习。子女应尽赡养老人的义务，不得歧视、虐待老人。

六、本村规民约对居住在本村范围内的其他居民和来村人员同样适用。

奇巴尔托布勒克村村民委员会

村环境面貌的改观也是村委会和村党委近年来重点落实的一项工作。近年来奇村科学制定村建设总体规划，合法使用土地，村容村貌建设布局合理，重视植树造林，环境优美。严格实施村总体规划，横巷、直巷井然有序，全村无乱占乱建现象。长期以来，结合开展爱卫月活动，大力整治村“脏、乱、差”等现象，开展消灭死角活动，加强基础设施建设，配套公共设施，改善农牧民群众生产生活条件。坚持开展移风易俗活动，改变陈规陋习，倡导科学、健康、文明的生活方式。治理整顿“脏、乱、差”现象，抓好硬化、净化、绿化、美化，为各族农牧民群众创造良好的生活环境；并投入资金进行村改造和环境整治，改造了村巷道及排污管网等一批基础设施，建有禽畜区，实现人禽分离，禽畜便处理率达到100%，利用率达70%以上。农户们自觉实行门前卫生包干制，保证了自家门前的干净，维护好整洁的村容村貌。

第七节　干群关系

在奇村调研期间，根据观察和与村民的交谈发现，该村的村干部与群众的关系较为融洽，村长表示：干群关系村里还可以，村干部也受到多数村民的好评。在51个随机抽取的问卷调查对象中，有25人表示，如果在生产方面遇到困难会找村干部解决，占整个被调查对象的52.1%；有7人表示，如果家中需要借钱就去找村干部解决，占全部被调查对象的14.9%；问到如果与村民发生矛盾时找什么人解决时，44位调查对象认为要找村干部解决，占全部被调查对象的93.6%；问到如果发生家庭内部矛盾找何人解决时，15位被调查对象认为要找村干部解决，占全体被调查对象的36.6%，而有20位被调查对象认为需要找亲属解决，占48.8%。奇村村民对于本村干群关系的评价也较积极，有7位认为本村干群关系很好，占全体被调查对象的13.7%；28人认为本村干群关系较好，占54.9%；11人认为本村干群关系一般，占21.6%；而认为本村干群关系不好的只有5人，仅占全体被调查对象的9.8%。综合而言，认为本村干群关系较好及很好的人数总计有35位，占全部被调查对象的68.6%。这说明村民对该村干群关系的评价较为积极，也反映出村干部的工作赢得了多数村民的肯定。在问及能否担任村干部最重要的因素是什么时，有5位被调查对象认为是上面有关系，占9.8%；42人认为是由于较强的组织领导能力，占82.4%；有1位认为是因为有较强的家族势力支持，占全部被调查对象的2%；有3位认为是其他因素，占5.9%。这显示出，担任村干部的主要决定因素还是组织领导能力。

不过，村干部与村民之间也有矛盾。例如[①]，村民们现在的农产品销售主要还是卖给私人，市场价格不稳定，外面的二道贩子拿走了中间的利润。针对这种情况，村里希望乡里能够在村农业产品销售上发挥作用，增加订单农业的产量，这样销售有保障。村干部的顾虑是，村里一旦出面销售，如果市场价格向上浮动，村民会有意见。只有将来价格低于村干部订合同时的价格才行。老百姓只愿意看到实惠。这样，村干部工作很不好干。其实是为村民干好事，但不一定能够得到理解和支持。前些年村里从东北进

① 以下部分均由村委会主任介绍。

了一批黄豆种子，老百姓自己掏了2元/公斤，公家也给补贴。但种子刚种下去后老百姓发现不行，于是就对村干部有意见。但当时这些黄豆还没法看得出产量。过了几天后情况好转，这些老百姓就再不骂了。后来这些种子亩产超过200公斤，产量很高。

现在的村干部工作很复杂，很多时候乡里的工作也得村干部去完成。作为本村常年生活在一起的村民，村干部要对全村所有住户的思想情况掌握清楚，到哪一家工作就得有哪一家的方法。如果摸不到村民的脾气，去了什么也干不了。

每年种植业的品种选择基本上依靠自己调整，主要从外面寻找信息。干部是主要的信息来源和传播者。作为养殖大户，村委会主任自己对外面的信息掌握很快，也非常注重把这些信息及时地传递给村民。过去这个村的村民习惯等牛一下山就以700元/头的便宜价格销售，而那些收购牛的米泉、昌吉人则把这些刚刚下山的牛羊娃子拿去养上两个月，就能卖出1600~1700元/头的价格。去年（2006年）的育肥价格基本上超过一半，有的达到2倍多。牛经过育肥可以一头牛卖出两头牛的价格。村委会主任自己为村民提供出售的担保，他儿子就在外面销售牛，所以很熟悉市场价格。2006年村里有个人的牛1200元/头没有出售，育肥两个月后卖了1800元/头，而买牛的人拿去育肥两个月后又卖了2800元/头。山上下来都是草苗牛，瘦，宰不出来肉。有些人担心将来卖不掉，早早出售了。这与本地区的道路交通和气候条件有关系。原来这里冬天封山，育肥了的牛拉不出去，没办法销售，得等育肥五个月后春暖路开，（这样）基本上就是亏本的。现在情况不同，只要打个电话，收购的车就到门上来拉。在销售上，村委会主任自己就能给村民担保和提供信息。

村委会主任认为谁赚钱都一样，但自己村民育肥了能把钱赚到村民的口袋里，大家实现共同富裕，这比看着外面人赚钱眼馋好。

第三章　经济发展

奇村的经济结构比该乡其他村庄的经济结构合理、均衡。该村种植业是传统优势产业，近几年养殖业也迅速发展起来，成为该乡养殖业最发达的村。另外，该村的第三产业也是其经济特色之一，从事第三产业的人较多。村领导班子也注重引导村民搞好副业生产，促进村民增收。采取上门动员、组织参观、办班培训、典型示范等方法，在稳定粮食生产的同时，抓好副业生产，为促进该村村民增收和经济发展奠定基础。2006 年奇村的年人均纯收入达到 4114 元。

第一节　自然环境与生产条件

奇村位于乡政府驻地正北方 2 公里处，是一个农牧结合的农业村，由 5 个自然村组成，总人口 1428 人。有耕地面积 5773 亩，人均耕地 3.7 亩，主要种植小麦、油葵、玉米、黄豆、打瓜及苜蓿。村委会主任介绍说，村里一共有 5 个天然草场，都在阿尔泰山里，面积都不是很大。该村的东部是库须根套山，地势由东向西逐渐平缓，处于冲乎尔乡的平坦区，土地较为平整，土质较好，便于耕作。农业灌溉用水引自布尔津河，灌溉方便，农民种地不“靠天吃饭”

（见图3－1）。冲乎尔乡位于喀纳斯景区的必经之路，具备便利的交通条件，流动人口较多，而奇村是冲乎尔乡距离乡政府驻地最近的村，交通便利，农民的生产生活条件要好于冲乎尔乡的其他村庄。

图3－1 水渠（摄于2007年9月15日）

截止到2007年9月，全村共有大小牲畜6700头。养牛大户有15户，每户养殖都在10头以上。村民的主要收入来源是养殖业。该村一些村民在乡里街道两旁经营店铺，一共有80户左右。电视覆盖率达到100%，电话普及率达到80%以上。奇村曾搞过自来水工程，但不成功。现在村民各家都有自己的压井，饮用水从压井中压取。冬天取暖靠烧煤火炉。（村委会主任马兴国语）

全村有耕地5773亩，人均耕地3.7亩，主要种植小麦、油葵、玉米、黄豆、打瓜及苜蓿①。关于耕地情况，我们一共收到49份有效问卷。2006年，家有耕地数最高的有170

① 奇村村委会提供数据。

亩，最低的有6亩，平均每户有耕地30.96亩。

奇村农民普遍使用中小型的农业机械和运输工具，如联合收割机、脱谷机、小四轮拖拉机、履带式拖拉机、耕种机、拖拉机牵引犁铧等，但也有部分村民继续使用马车、牛车等传统的运输工具进行农业物资的运输。

第二节　种植业

冲乎尔乡在“稳种玉米、黄豆”的基础上，引导农牧民走农业市场化发展的新路，打瓜种植面积由原来的2000亩增至4550亩，甜玉米350亩，2007年仅订单农业一项就达到2950亩。2007年，冲乎尔乡引进甘肃神农有限公司投资建设60座蔬菜大棚，目前蔬菜已经上市，彻底结束了布尔津县冬季不能生产蔬菜的历史。作为冲乎尔乡农业种植大村，奇村村民在种植反季节蔬菜、药材、瓜果等特色经济作物方面走在了全乡的前面。在不断扩大特色经济作物种植面积的基础上，村民们还有计划地扩大饲草料种植面积，推广青贮玉米、优质牧草等作物，这些都很好地带动了农牧民增收提效。

奇村村民的种植技能很好，因此，该村种植业发达，农作物单产是冲乎尔乡最高的（见图3-2）。他们利用丰富的耕作经验，种植黄豆、甜玉米等，提高土地的利用率。2006年，该村种植小麦290亩，玉米708亩，黄豆4707亩，油葵23亩。该村种植水平在全乡居前列，同时也是冲乎尔乡黄豆种植面积最大的村。奇村有个种植业示范项目——黄豆高产栽培技术，2006年种植黄豆占总耕地面积的81.5%。该村黄豆种植水平居全乡之首，平均亩产达220公斤，比全乡单产高30公斤。同时，由于科技示范户的带动，该村首次试种打瓜1500亩，结束了冲乎尔乡不能种植打瓜的历史。奇村的甜玉米主要供应喀纳斯景区。奇村农民种植的打瓜、黄豆和甜玉米等为该村农民带来了不少收入。

图3-2　村民扬场（摄于2007年9月15日）

截止到我们调研时，经初步统计，2007年奇村“两委”班子通过召集村民参加“科技之冬”，认清方向，鼓励村民向外地承包土地近2万亩，当年全村共种植黄豆5000亩、小麦300亩、玉米500亩、打瓜200亩。

为从根本上保障种植业生产水平，切实提高农业基础设施建设水平，2007年村“两委”班子还带领全村村民清引水渠1000米，动用机械清引水渠500米，新修闸门2座，维修闸门3座，维修防渗渠100米，并通过召开村民大会，制定节水灌溉计划，为春耕春灌打下了良好的基础。

根据乡里的整体规划，2007年将在奇村建设优质粮食基地0.7万亩，2010年在奇巴尔托勒克村和江安吉尔村建设优质粮食基地0.9万亩。这将进一步提高奇村粮食种植在全乡乃至全县的地位和水平。为实现这一目标，全乡计划实施2008年中型灌区节水配套改造1万亩，涵盖库须根村、奇巴尔托勒克村部分耕地。

关于奇村种植业情况，我们一共得到49份有效问卷。问卷显示，2006年有2户种植小麦，种小麦最多的有130亩，最低的有15亩；有18户种植玉米，种植玉米最多的有20亩，最少的有1亩，平均每户种植玉米8.6亩（见图3-3）；2006年种植黄豆的有35户，其中种植黄豆最多的有65亩，最少的有5亩，平均每户种植黄豆23.39亩；2006年种植苜蓿的有2户，分别为13亩和6亩；2006年有7户种植油葵，最高的有21亩，最低的有1亩，平均每户种植油葵11.29亩；2006年有5户种植花豆，最高种植亩数为20亩，最低种植亩数为5亩，平均每户16.2亩；有1户经营林地170亩。2006年拥有草场的有5户，最多的有95亩，最低的有1亩，平均每户有22.8亩草场；其中割草草场99亩，围栏草场15亩。

图3-3 庭院中堆放的玉米

（摄于2007年9月15日）

奇村在种植业上面临的主要困难在生产和销售两个方面。2007年春天阿勒泰种子公司曾到村里销售红豆种子，许诺收购种植出产的红豆。有20户村民购买了这种豆子，全村一共种植600亩。种子是村民自己私下买的，订的收购合同也是村民自己订的。在销售种子时，种子公司提出要进行跟踪服务，协助村民种植，而且种子公司还来讲课培训，并答应了以最低 3.2 元/公斤的价格收购。而至 2007 年 9 月时，红豆价格已经涨到了 4.5 元/公斤。村民认为中间很多服务没有跟上，现在这些红豆都有了病虫害，对农民收入影响很大。农民强烈要求村委会帮助解决这个困难。

个案 3-1[①]

张玉刚，现年 29 岁，大专学历，毕业于乌鲁木齐计算机信息专修学院，并通过自学获得过 MCSE 认证的微软系统工程师，现任布尔津县冲乎尔乡奇村远程站点操作员。

2007 年冬季，由于村上的原操作员调离岗位，村委会主任马兴国找到了计算机专业毕业的他，问他有没有在村上担任操作员的想法，正打算留在家乡大干一场的他，没想到自己的专业还能为村里服务，二话没说就答应了。因为有过硬的计算机知识，通过乡里的远程技术服务人员的简单讲解，他就熟练掌握了远教设备的操作技能。在县远教管理中心的帮助下，搜集了许多邻乡邻村的百姓实实在在通过远程致富的课件，每天播放给村民看，看得村民们都流露出羡慕的眼光。村民们自己就开始思索了，同样的地亩数，为什么别人种特色品种就比自己挣钱呢？就这样，学习的兴趣一点点提高了。2008 年全村总耕地面积 5773 亩，打瓜种植就超过 2000 亩，在其他农作物价格不景气的情况下，打瓜的大量种植使奇村一跃成为全乡人均收入最高的村。

他大胆实践，从山东引进的黄粉虫实验性养殖喜获成

① 资料来源：布尔津县远程教育管理中心。

功。他要用自己的行动证明给大家看，科学养殖，“钱”途无限。在乡政府的支持下，他成立了黄粉虫养殖专业合作社，目前拥有会员50余名，实现销售利润2万余元，他的下一步打算是整理一套自己养殖黄粉虫的经验心得，通过“支部+远程+合作社”模式发展更多的养殖户。张玉刚以敢闯、敢试的勇气，带领村民发家致富，引导群众转变了传统种植观念，在他的影响下，广大群众的致富热情空前高涨，科技致富已成为当地群众的新梦想。

第三节　养殖业

阿勒泰地区以前由于缺乏龙头企业的带动，畜产品价格较低。2006年起，该地区把大力发展奶业作为畜牧业转型和实现牧民增收的抓手，先后引进光明乳业、阿尔曼乳业等企业。从2007年起，地区安排2800万元直接用于购牛补贴和奶价补贴，并得到部分国家贷款贴息，其中20%用于奶价直补，80%用于各县市引进优质奶牛的补助，每头优质奶牛一年可为农户增收4000元以上。在2006年引进6000头奶牛的基础上，至2007年7月底已引进7600头奶牛，计划全年引进13300头。各县市纷纷推出优惠政策，鼓励牧民买优质奶牛。奇村马兴国引进15头优质奶牛（见图3-4），乡政府为他协调了三年期贴息贷款7万元。如今的奶牛户不仅交奶

图3-4　奶牛（摄于2007年9月15日）

不发愁，而且交奶还可以得到补贴。地区有关部门提高了奶价，每公斤牛奶交售价由2006年的1.30元左右提高到2007年的1.55元，并确保四季收购鲜奶。

2007年，冲乎尔乡牲畜的最高饲养量为132439头（只），年末存栏数为75368头（只）。同时，乡政府积极引导农牧民抓好畜群结构的调整，加快“小畜换大畜、劣畜换优畜”的步伐，共引进优质奶牛164头，小畜同比减少6.6%，大畜增加9%，畜群结构趋于合理。

奇村领导班子为了发展本村经济，大力引导该村农民调整农业内部结构，积极开展科技示范活动，饲养畜禽。该村的牲畜最高饲养量达到6700头（只），科技示范户有50户，占总户数的16.3%。从2006年开始，该村充分利用上级政府给予的扶贫资金购买良种畜，大力推行品种改良，从而壮大了该村集体经济。该村还向村民积极推广牛羊育肥技术，大力发展牛羊育肥。村干部向村民提供致富信息，引导本村村民养殖獭兔、优质奶牛、蛋鸡、肉鸡、鸭、鹅等，畜禽产品大量供应喀纳斯景区。

2006年6月末该村牲畜最高饲养量为6584头（只）。2006年牲畜年末存栏3361头（只），牲畜最高饲养量为5978头（只）。2006年该村实现社会生产总值1850.7万元，其中农业产值为324.59万元，牧业产值为203.79万元，人均纯收入4114元，超出全乡人均收入187元。

养殖业的成功发展为该村养殖户带来大量的收入，成为该村农民增收的主要产业之一。奇村是该乡人均收入较高的一个村，其中一个原因是该村的养殖业比较发达。它本身是个农业村，而且距离乡政府所在地很近，交通便利。该村领导班子也看到自身具有的优势，因地制宜带领和鼓励本村村民发展养殖业，大大提高了该村村民的收入，也为该村种植业进一步发展创造了条件。该村是布尔津县“百头优质奶牛村”。奇村村民养殖数量最多的是本地土种褐牛和奶牛，其次是阿尔泰大尾羊，另外该村还有养鸡大户和养兔大户。由于村民饲养的奶牛数量大增，县里牵头引进的几家大型乳品企业，如光明乳业、阿尔曼乳业等，都在该村建立收奶站，收购牛奶。村党支部书记张青花和村委会主任马兴国都是奶牛养殖大户，奶牛养殖经验丰富。在他们的带领和热心帮助下，村里的奶牛养殖户在逐年增多。2007 年上半年，通过村“两委”班子的宣传与鼓励，全村在原养殖户的基础上新增养牛大户 2 户，新增养羊大户 3 户，新增獭兔养殖 3 户，新增养鸡大户 2 户。

该村种植业和养殖业的发展已使两者达到良性互动的状态。种植业的发展为养殖业提供饲草料等条件，而养殖业的发展又为种植业的发展提供有机肥等。

> 村里一共有 5 个天然草场，都在阿尔泰山里，其中 2 个用来放羊，3 个用来放牛，面积都不是很大。秋天下山后一般就开始圈养，最远的搬场得两天。夏天基本上村里的牛羊都交给村里的代牧员代牧。村里有 5 户牧业代牧员，全部都是哈萨克族，他们自己家也有牲畜，家里也留下老人和孩子种地。每年全村集中放牧。5 个草场是集体的，全村的牲畜都在这 5 个草场放牧。代牧费标准为羊 4 元/月/只，牛 10 元/月/头。一般每年代 5 个月。村里没有集体牲畜①。

① 资料来源：村委会主任马兴国。

图 3－5　牛犊
（摄于 2007 年 9 月 15 日）

奇村村委会主任马兴国为该村养殖业的发展做了大量的工作（见图 3－5）。作为养殖大户，他非常关注外界有关信息，也非常注重把这些信息及时地传递给村民。过去奇村村民往往是等牛一下山就急于出手，价格只有 700 元/头，而那些从米泉和昌吉等地来的牛贩子把牛买走后，再进行两个月的育肥，就能卖出 1600～1700 元/头的价格。2006 年，牛经过育肥后价格超过育肥前的 1 倍，有的达到 2 倍多。这样，经过育肥一头牛可以卖出两头牛的价格。刚从山上下来的都是草苗牛，太瘦，出肉很少。有些人担心将来不好卖，匆匆出售了。这与本地区的道路交通和气候条件有关。过去这里冬天大雪封山，育肥了的牛运不出去，无法销售。春暖路开后已经 5 个月过去了，这么久的育肥是要亏本的。现在情况不同，只要打个电话，牛贩子的车就到门上来拉。为了消除村民卖牛的后顾之忧，马兴国村长自己为村民提供销售担保和信息，他的儿子就在外面销售牛，所以很熟悉市场价格。2006 年村里有户村民的牛 1200 元/头没有出售，育肥两个月后以 1800 元/头的价格出售了，而牛贩子收购后育肥两个月后又卖出 2800 元/头的价格。

关于奇村村民的畜禽存栏等情况，一共收到 37 份有效问卷，统计结果如表 3－1 所示。

表 3－1　畜禽存栏等情况

序号	2006年底羊存栏数	2006年底牛存栏数	2006年底马存栏数	2006年底骆驼存栏数	2006年底家禽存栏数	羊出售数量	牛出售数量	家禽出售数量	自食羊数量	自食牛数量
1										
2	30	16				30	1			
3		10					8			
4		6								2
5	120	6	1		110	85			7	
6	20	8			9				2	1
7		18			120					
8		11				40	3		3	1
9		9			7		1			1
10		10					1			
11		18			50			4		2
12		10	1							
13	6	3					1		2	1
14		9	1		20					
15		2							4	
16	10	5	1	1		10			2	1
17	20	10	1						2	1
18			1							
19	9	3							1	
20	10	10	1		30				7	
21					60					
22	5	6								
23	20	3				2			2	1
24	50	7				25	1		4	2
25	15	2				10			5	
26	10		3						3	
27		6	1		20		2			1
28	7	12							2	1

续表 3－1

序号	2006 年底羊存栏数	2006 年底牛存栏数	2006 年底马存栏数	2006 年底骆驼存栏数	2006 年底家禽存栏数	羊出售数量	牛出售数量	家禽出售数量	自食羊数量	自食牛数量
29		30					15		5	2
30	10	3					1		4	1
31		16					3			1
32		4								
33	4								4	
34	3	2								
35	13	10	1				2		3	1
36	25	4	2			17			2	1
37	20	7	2			10			5	1

注：驴、猪无存栏数，也未发生出售和自食；骆驼未发生出售和自食，因此均未列出。

资料来源：调查问卷。

个案 3－2

马建国，回族，家有 6 口人，3 个劳动力，2006 年外出打工。家有耕地 15 亩，承包地 45 亩，2006 年种植玉米 20 亩、油料葵花 20 亩、黄豆 20 亩。玉米亩产 600 公斤，总产 12 吨，售价为 1.1 元/公斤；黄豆亩产 200 公斤，总产 4 吨，售价为 2.3 元/公斤；葵花亩产 150 公斤，总产 3 吨，售价 3.2 元/公斤。

2006 年饲养牛 30 头，其中出售 15 头，自己食用 2 头；另有 5 只羊。2006 年的农业机耕费为 35 元/亩，水费为 24 元/亩。去除机耕费、种子、化肥等支出，种植业收入 43000 元，养殖业收入 37500 元，经营收入 20000 元，工资收入 3600 元，奖金 500 多元，贷款 10 万元。

第四节　第三产业（服务、零售、提供劳务等）

布尔津县是一个旅游强县，旅游业发达。境内喀纳斯等景区每年吸引数以百万计的中外游客前来观光，大大带动了该县相关产业的发展（见图3-6）。2007年，布尔津县接待游客突破100万人次，比2002年增长4倍，旅游总收入达到7.75亿元。旅游业正成为布尔津县的新兴产业，各族群众从中受益。冲乎尔乡地处喀纳斯景区的必经之路，可谓近水楼台。喀纳斯景区旅游人数的增多和旅游资源的开发使冲乎尔乡的第三产业受益匪浅。在全县第三产业发展的大潮中，奇村村民也不甘落后。

图3-6　喀纳斯景区（摄于2007年9月20日）

冲乎尔乡乡村旅游业比较发达，2007年全乡参与“农家乐”旅游项目的户数达48户，实现收入150余万元。马拉雪橇旅游项目也吸引不少游客，实现年收入4.5万元。该乡农牧民的手工艺品也受到旅客青睐，2007年实现收入近

20万元。这些都为该乡农民尤其是奇村农民参与旅游服务业创造了条件和机遇。奇村干部积极做好服务工作，一方面积极鼓励村民创业，开办“农家乐”等因地制宜的旅游创业项目；另一方面也鼓励村民跨出家门、村门外出打工赚钱，增加收入。奇村的务工人员主要在该乡从事旅游服务业。喀纳斯景区是奇村劳动力转移最多的地方。在喀纳斯景区旅游服务业从业人员中大约有70%来自奇村。奇村剩余劳动力的转移也为该村带来了可观的收入，成为该村农民增收的一个亮点。

奇村交通便利，流动人口多，获取的信息也比其他村要快、要多，使该村发展第三产业具备了较好的条件。在冲乎尔乡街道两旁商铺林立，有商店、餐厅（见图3－7）、理发店、网吧等。我们询问了几家商店，其中有两家是奇

图3－7 村民经营的餐厅（摄于2007年9月13日）

村村民经营的。奇村从事旅游服务业的人也不少。村里有7～8户在喀纳斯景区从事旅游服务业经营，还有几户在乡镇附近、布尔津河西岸地带从事旅游服务业经营，具体形式是

经营“农家乐”项目。这些村民从事的旅游服务业项目的投资都超过了50万元。在奇村调研期间，我们还发现，奇村从事运输服务业的人比较多，一些人从事餐饮服务业，还有些人从事农业服务业。一些人去山里挖虫草，或者到附近工地上干活，这些都能挣来收入，一般劳务报酬都是50元/天。

在离该村不远处是通往喀纳斯景区的道路，在布拉乃村附近路旁乡政府投资修建了一个旅游农贸市场，用于销售该乡村民的农副产品和旅游纪念品等。奇村的一些村民就在这个旅游农贸市场经营自己的摊位，他们给过路游客或出售水果，或出售甜玉米、西红柿，或者出售自家养殖的鸡、鸭、鹅等。有些人还从附近布尔津河河滩上捡来奇石，拿到这个旅游农贸市场上出售。

2007年，冲乎尔乡被布尔津县委和县政府确定为“旅游示范乡”、“新农村建设示范乡”。这给该乡带来了很好的发展机遇，各种基础设施建设和项目建设力度加大，如喀纳斯飞机场建设（见图3-8）、冲乎尔乡水电站建设、克因布拉克铜锌矿的相继建设投产等项目。这些建设项目的开

图3-8　建设中的喀纳斯机场（摄于2007年9月18日）

工产生了大量的用工需求。乡政府及时将用工信息通知各村。冲乎尔水电站位于冲乎尔乡库须根村10公里处，喀纳斯机场距离冲乎尔乡23公里。布尔津县第一个有色金属开发矿区——克因布拉克铜锌矿就在冲乎尔乡，距冲乎尔乡政府驻地25公里。奇村的领导也及时向本村村民传达了用工信息。凭借便利的交通条件，奇村的一部分人很快就奔赴项目建设工地，找到了自己的工作。

在随即抽取的51户调查对象中，拥有大拖拉机的有8户，占15.7%。在农村地区，大拖拉机既可以用做运输工具，也可以进行个体农业服务，例如犁地和播种等。其中有9户拥有卡车，占17.6%。在当地，卡车是从事个体运输服务业的主要车辆。另外，有10户拥有小车，占19.6%。小车主要是用来从事旅客运输服务的。

个案3－3

蒋莉，女，汉族，1996年7月出生，父母都是奇村农民，全家在本村有40亩耕地。旅游旺季时她母亲在本乡旅游农贸市场上卖水果和食品。旅游农贸市场在本乡布拉乃村附近通往喀纳斯景区的路边，离奇村有5公里远。2007年，蒋莉在冲乎尔乡第二初级中学读小学五年级。2007年暑假，蒋莉把自家地里的玉米煮熟拿到旅游农贸市场上卖，一个玉米棒卖1元钱。在卖玉米时，她发现市场上卖奇石的摊位生意很好（见图3－9），

图3－9　奇石手工艺品广场

（摄于2007年9月16日）

那些形状奇特的石头非常吸引游客。卖完玉米后，蒋莉来到自家附近布尔津河边，捡回一些漂亮的石头。把这些石头洗干净后，她把石头摆在自己的摊位上。每当有旅游大巴停靠时，都会有一批游客前来询问。2008 年暑假，蒋莉仍然在本乡旅游农贸市场出售自己捡来的奇石。7 月 13 日，她的一块石头开价 80 元，最终以 60 元成交。至中午 12 点，她已卖掉 3 块石头，获得 66 元的收入。

第五节　生产资金来源——贷款

贷款是农民进行农业生产的必备条件之一。为搞好生产，村民们的贷款积极性很高，但申请贷款要达到信贷机构的要求，所以，有些村民在申请贷款时就遇到了困难。奇村的村干部特别是村委会主任和村支书都想方设法为本村村民争取贷款，采用的办法是托人和提供担保等。因此，在奇村，只要村民想贷款，没有贷不上的。只要是勤劳肯干的，村委会主任都愿意帮忙贷款。该村是全乡贷款和还款额度最高的村。

村民们的贷款主要投入种植业、养殖业、旅游服务业、运输业、商业等。为发展种植业贷款的村民，主要把贷款用于购买种子和化肥等；贷款搞养殖业的，主要用贷款购买家畜和家禽等；还有村民贷款用于发展旅游服务业；也有人用贷款购买农机具或者卡车等运输工具。村里个别农户贷款额达到 20 万元，主要用于发展“农家乐”项目。村里有 7 ~ 8 户在喀纳斯景区从事旅游服务业经营，还有几户在乡镇附近、布尔津河西岸地带从事旅游服务业经营。这些村民从事的旅游服务业项目的投资都超过了 50 万元。他们经营所需的投资大都来自村干部的担保贷款，仅2007年村“两委”班子就协调乡信用社为村民放贷100余万元。当然，这些从事旅游服务业的村民还贷能力都较好。该村一些村民在乡政府驻地街道两旁经营店铺，有饭馆、商店、理发店、网吧等，共有80户左右，每户年收入都在10万元以上。该村的富裕户主要是靠经营旅游服务业、运输服务业和涉农服务业致富的。

关于2006年的存款、贷款、借款及欠款情况，共收到40份有效问卷。2006年家中有存款的有7人，占有效问卷的17.5%。其中存款最多的达到4万元，最少的有1500元，存款户平均每户有存款16357元。2006年有5户给别人借钱，最高借出2万元，最低借出2000元，平均每户借出12400元。2006年家有借（贷）款未还的有20户，占有效问卷的50%，其中最高未还6万元，最低未还2000元，平均每户未还25060元。2006年偿还往年贷（欠）款的有9户，占22.5%，最高偿还4万元，最低偿还2000元，平均每户偿还往年贷（欠）款20111元。2006年历年贷（欠）款未还的有28户，占40%，其中最高欠款6万元，最低欠款1600元，平均每户欠款22385.7元。

个案3-4　信用社办公室主任王美尤访谈

近年来农村信用合作社的贷款情况良好。信用社采取的主要是贷款负责制，因此每个人必须为自己贷出去的款额承担责任，这避免了不良贷款的出现，也确保了信用社的收益。

现在的农牧民贷款基本上没有什么问题，一般有的村民贷款需要村干部或村委会提供信誉担保，高额度的贷款现在也可以发放，但一般不超过4万~5万元，主要做一些大型项目或购置大型农业器械之类。对这类贷款信用社得提前考察，还得让村或个人拿出项目报告。

乡里干部有时候也为村民贷款说话，但即便如此信用社也要他们提供贷款担保。现在乡里不主张这样，认为乡里干部工资很低，一旦出现问题有很大后患，会不安心本职工作。信用社现在也不以干部的话为依据，而主要看他的贷款担保情况。这样可以避免麻烦。

信用社的工作人员也很辛苦，得跑贷款，还得操心贷款如何收回。农忙的时候经常得下地看，贷款期间还得去考察贷款的项目和具体实施情况。要掌握第一手材料。

总体看，现在大多数农牧民的贷款额度较小，主要还是今年贷款到年底收入后还，剩余用于再生产的不多。基本处于贷款维持生产状况。

也有些农牧民贷款较为困难，主要是他们自身家里经济情况不是很好，缺乏贷款抵押和还款信用。也有一些是遭遇灾害后无法还款的，影响了其信用额度。一般如果村里同意，提供担保，信用社也可以考虑发放。

信用社的人员工资还可以，每个月收入数千不等，还得看个人吸纳存款、发放贷款与收回贷款的情况。

第六节　经济收入与支出

调研期间我们见到了奇村多年来经济收入与费用支出情况统计。通过对比，可以看出奇村经济活动的日益活跃与多元化，也深刻体会到这个小乡村日益加速的经济发展步伐。

根据统计，奇村2005年农村经济总收入为1719.99万元，均为农民家庭经营收入，并无乡（镇）企业、村企业或村集体经济等类收入来源。其中，出售产品性收入达到516.47万元。2006年奇村农村经济总收入1850.71万元，其中，出售产品性收入达到545.71万元。两年数字比较，可以看出该村农村经济收入的稳步增势。

我们可以通过表3－2、表3－3，对比不同行业的收入情况。

表3－2　2005年奇村不同行业经济收入汇总

单位：万元

农业	牧业	工业	建筑业	运输业	商饮业	服务业	其他
407.07	229.43	85.69	311.23	42.86	752.54	166.44	4.23

农业收入中，有309.23万元为出售种植产品收入。牧业收入中，出售产品收入为151.07万元。两项合计为460.3万元（此处数字与前面统计表中反映的出售产品性总收入有差异，应存在其他出售产品性收入）。

表3－3　2006年奇村不同行业经济收入汇总

单位：万元

经济总收入：1850.71万元									
农业	林业	牧业	渔业	工业	建筑业	运输业	商饮业	服务业	其他
442.77	0	231.42	0	72.77	36.83	46.84	788.23	226.4	5.45

农业收入中，有332.1万元为出售种植产品收入。牧业收入中，出售产品收入为152.39万元。两项合计为484.49万元（此处数字表明也应存在其他出售产品性收入）。

表3－2和表3－3对比发现，除了建筑业和工业外，村农业收入中不同行业的收入在2006年都较2005年有一定增

幅。建筑业与工业收入的大幅度变化可能与该地区某些大型项目的建设进程有关。

在农村费用方面，2005 年全村支出的总费用为 1255.47 万元，其中生产费用 1226.15 万元，管理费 29.32 万元。收入与支出相抵，净收入为 464.52 万元。此外，当地村民外出务工获得劳务收入 89.77 万元。因此，全年全村可分配净收入达到 554.29 万元。同期该村上缴国家税金 2.15 万元。需要指出的是，冲乎尔乡是一个贫困乡。在该乡 8 个农业村和 3 个牧业村中，奇村上缴国家的税金额度是最高的，而且远远高于其他村。2005 年全乡只有奇村的国家税金额超过 2 万元，而超过 1 万元的（1 万 ~2 万元之间的）也不过只有 2 个村，分别为 1.80 万元和 1.22 万元。全乡很大部分村子的国家税金总额在 5000 元左右。

2006 年全村支出的总费用为 1356.64 万元，其中生产费用 1325.52 万元，管理费 31.12 万元。收入与支出相抵，净收入为 494.07 万元。此外，当地村民外出务工获得劳务收入 94.14 万元。因此，全年全村可分配净收入达到 588.21 万元。同期该村上缴国家税金 1.95 万元。奇村仍然是全乡 11 个村中上缴国家税金额度最高的，而且远远高于其他村。

尽管 2006 年农村总费用比 2005 年有所增加，但由于收入增幅更大，因此农民净收入依然出现一定增长，包括村民外出务工收入和全年全村可支配净收入等都出现较明显增幅。

2005 年奇村农民经营所得为 547.78 万元，农民从集体再分配中获取收入 1.14 万元，这样农民所得总额为 548.92 万元。全村农民人均所得为 3844 元。此外，还从集体外获取转移性收入27.19万元。外来人员带走劳务收入3.5万元。

2006年全村农民经营所得为586.36万元，农民从集体再分配中获取收入1.22万元，这样农民所得总额为587.48万元（表中数据如此，误差0.1万元）。全村农民人均所得为4114元。此外，还从集体外获取转移性收入5.78万元。

对比两年统计数字，农民所得保持上升趋势。全村农民人均收入也从3000元迈上4000元台阶。

2005年全村粮食总产量2187.2万吨，油料总产量25万吨，年末牲畜总头数为0.33万头。向国家和市场交售的粮食总数量为1717.3万吨，其中市场销售987.7万吨；交售油料总数量为7.6万吨，交售牲畜0.22万头。全村2005年总耕地面积为0.58万亩。

2006年全村粮食总产量1631万吨，油料总产量5万吨，年末牲畜总头数0.34万头。向国家和市场交售的粮食总数量为1356万吨，其中市场销售1251万吨；交售油料总数量为1.4万吨，交售牲畜0.18万头。2006年全村总耕地面积依然维持在0.58万亩。

从两年的统计数字看，奇村的农业种植结构出现一定变化。在耕地面积保持不变的前提下，粮食和油料作物的种植面积与收成都有所减少，这也直接导致粮食和油料产品的上缴与销售数的下滑。

农民负担方面，2005年农民上缴集体各种款项（全部为土地承包金）1.67万元，一事一议筹劳0.03万个，农业生产性收费14.74万元（包括灌溉水费13.86万元、灌溉电费0.88万元），农机、摩托车、三轮车等的车辆收费1.15万元。农村义务教育收费1.15万元。

2006年全村农民上缴集体各种款项为1.13万元，一事一议筹劳0.03万个，农业生产性收费15.43万元（包括灌溉水费13.86万元、灌溉电费1.57万元），农机、摩托车、三轮车等的车辆收费1.02万元。

减少土地承包金的做法有助于减轻农民负担。政府行政性收费的削减也有力地促进了农民减负增收。村委会主任马兴国介绍说：在减轻农民负担方面，这些年情况好转许多。过去有村提留20元/亩，税费5~6元/亩，还有牧业税，加起来平均达到40多元/人。现在所有税费都没有了。不过机耕费原来12~15元，现在20元，化肥也上涨了。

2005年政府补贴补偿7.87万元，包括种植业补偿2.09万元，退耕还林等5.78万元。种粮直接补贴面积0.15万亩。农村合作医疗收费3.43万元。2006年政府补贴补偿39.22万元，增幅巨大，主要为种植业补偿12.03万元，退耕还林27.19万元。种粮直接补贴面积也扩大为0.52万亩。农村合作医疗收费减低，为1.47万元。

全村农村义务教育在校学生总数为160人。

全村人均收入也出现明显变化，两年汇总情况分别见表3－4、表3－5。

2005年全村人均收入在3000~4000元之间，汇总如表3－4所示。

表3－4　2005年全村人均收入情况

奇村总人口1428人，总户数307户		
人均收入区间	户数（户）	人数（人）
1000~1100元	1	3
1100~1300元	1	5
1300~1500元	2	11
1500~2000元	20	91
2000元以上	283	1318

2006 年全村人均收入提高到 4000 元以上，汇总如表 3 –5所示。

表 3 –5　2006 年全村人均收入情况

奇村总人口 1428 人，总户数 307 户		
人均收入区间	户数（户）	人数（人）
1000 ~ 1100 元	1	3
1100 ~ 1300 元	1	5
1300 ~ 1500 元	2	11
1500 ~ 2000 元	18	89
2000 元以上	285	1320

根据乡统计表显示，2005 年奇村共有耕地总面积 5773 亩，林地 1942 亩，其他 640 亩，土地总面积合计 8355 亩。当年全村劳动力总数为 630 人，其中从事家庭经济 467 人，有 342 人从事第一产业生产经营活动；外出劳动力 163 人。外出劳动力中，有 108 人经过一定的技能培训，有 60 人常年外出务工。从地域分布看，这些常年外出劳动力中有 28 人在本县内工作，10 人在本省内，22 人在省外。全村有农民经纪人 4 个，经营额 38 万元。村集体资产总额 33.50 万元。

而 2006 年的统计表中，当年全村耕地总面积、林地面积和土地总面积等均未发生变化（见图 3 – 10）。当年全村劳动力总数为 646 人，其中从事家庭经济的有 456 人，有 310 人从事第一产业生产经营活动；外出劳动力 190 人。外出劳动力中，有 180 人经过一定技能培训，有 64 人常年外出务工。从地域分布看，这些常年外出劳动力中有 31 人在本县内工作，11 人在本省内，22 人在省外。全村有农民经纪人 4 个，经营额 39 万元。村集体资产总额 38.65 万元。

上述部分内容虽有变化，但并不明显。该村经济市场化进程平稳，上升趋势显著。

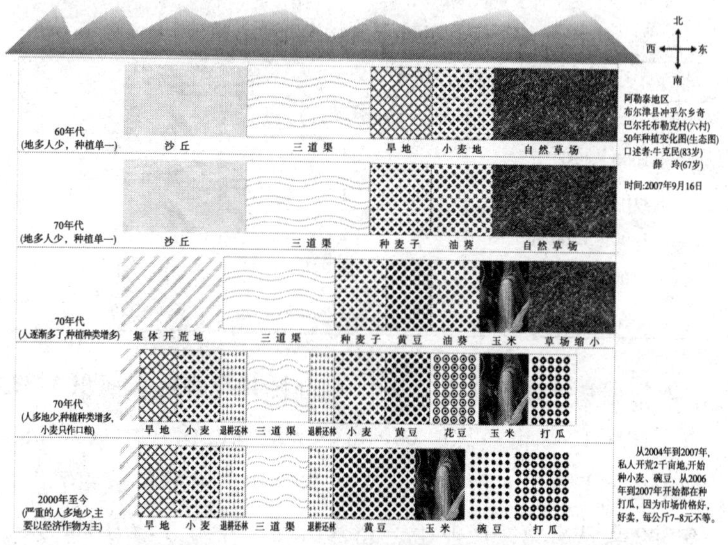

图 3－10　奇村 50 年种植变化图

第七节　影响经济发展的因素

村委会主任马兴国介绍说：导致该村贫困的主要原因是很多村民家子女多地少，人均 3.5 亩地；有些人家还有 2～3 个上学的。特别是大部分少数民族村民不会做生意，地也少，孩子又多，家里也没有存款。该村的基础也差一点。贫困户有 10 户，占村里的 15%，有汉族、壮族、哈萨克族。富裕户（不欠外债，有存款，存款额达到 30 万～40 万的）条件好一点的基本上都有车，有运输车等，占 20%；中等的占 60%～70%。村里贫富差距不好说。上山租马的主要是回族。

生产面临的主要困难是村民对市场行情不了解，在种植农作物时往往很盲目，不知道种什么好，即使是知道了种植何种农作物，在销售时也存在一些问题。马兴国介绍说：2007 年春天阿勒泰种子公司曾到村里销售红豆种子，答应收购种植出的产品，有 20 户人家种植了这种豆子，共 600 亩地，是自己私下买的，订的收购合同也是老百姓自己订的，说是跟踪服务，协助地方种植，而且种子公司还来讲课培训，并答应了最低 3.2 元/公斤的最低保价。现在已经到了 4.5 元/公斤。村民认为中间很多服务没有跟上，现在这些红豆都有了病虫害，对农民收入影响很大。农民强烈要求村委会出面解决这个困难。

另一个困难是村民缺乏生产资金。尽管村干部为本村村民贷款做了大量工作，使全村村民获得了大量贷款，但仍然不能满足该村对生产资金的需求。因此，生产资金缺乏成为制约该村经济发展的主要因素之一。还有一项制约因素是，该村的水利设施差，不能很好地服务于农业生产。渠道渗漏较严重，水利设施建设和维修需要加强。

从村民自身讲，该村的村民在生产技能上还远远不能满足生产发展的要求。大部分村民只会以祖先们传下的方式进行农牧业生产，不懂得科学种田。该村的很多哈萨克族村民和蒙古族村民，都不知如何更好地种田，因为他们本身来自于游牧民族。在养殖业方面，大部分村民对如何进行科学有效的养殖畜禽缺乏了解。这在很大程度上限制了该村养殖业的进一步发展。谈到发展第三产业，除了缺乏资金和信息外，村民自身的素质也是一个制约因素。因为很多村民只会简单的体力劳动，没有掌握其他技术含量较高的劳动技能，全村富余劳动力的劳动技能都较为单一，在就业方面又产生互相竞争的现象。这种情况不利于该村富余劳动力的转移和收入的提高。

发展集体经济也是村干部和村民们一心想出成绩的方面。根据马兴国的介绍：从 2005 年开始，每年国家财政给村里转移支付款 5.3 万元，其中包括村干部的工资款 1.2 万元（此前村干部依靠提留发工资），其余有五保户的生活费，1200 元/人/年。这样的五保户有 4 人。主要用于他们的看病等方面。还有一些买办公用品、修路、建桥。但光靠转移支付什么也干不了。集体经济主要还是依靠养殖业，搞育肥牛羊。

此外，该村村民的观念需要大大改变。很多村民只愿守着自己的“三分田”，不愿意从事其他生产活动，更不愿意去工地或者其他地方打工。或者有些村民“小富即安”，家庭经济状况稍有改善，即不思进取，失去了进一步发展的动力。这些思想观念都需要改变。

第四章　和谐的多民族村

民族平等和民族团结是马克思主义解决民族问题的基本政策，也是我们党和国家开展民族工作的基本方针。新疆是一个多民族聚居区，贯彻党的民族团结政策对于维护祖国统一和边疆稳定具有非常重要的意义。民族团结的前提之一是各民族平等，包括政治、经济和文化等方面的平等。我们在美丽的奇巴尔托布勒克村，就看到了一幅民族团结、和睦相处、和谐共进的生动场面。

第一节　奇村民族团结工作

奇村是一个多民族村，根据村委会提供的资料，该村生活着汉、哈萨克、回、蒙古、壮、东乡、撒拉、俄罗斯、维吾尔 9 个民族，其中：汉族 200 多户（见图 4－1），将近 80%；回族 70 户；哈萨克族 20 户；壮族 10 户；蒙古族 4～5 户；东乡族 10 户；撒拉族 10 户（见图 4－2）；俄罗斯族 3 户。

2006 年奇村的各民族人口数如表4－1所示。

截止到 2007 年 9 月，奇村的总人口有 1428 人。在该村随机抽取的 51 位问卷调查对象中，8 位是哈萨克族，占被调查对象的 15.7%；22 位是汉族，占 43.1%；回族 18 位，占 35.3%；东乡族 1 位，占 2.0%；撒拉族 1 位，占 2.0%；

塔塔尔族1位，占2.0%。

图4－1　汉族老人

（摄于2007年9月15日）

图4－2　撒拉族老人

（摄于2007年9月16日）

表4－1　2006年奇村各民族人口统计

单位：人

民族	汉族	哈萨克族	回族	蒙古族	维吾尔族	俄罗斯族	其他民族	合计
人口	605	270	288	17	6	17	63	1254

资料来源：冲乎尔乡边防派出所。

奇村是个多民族聚居的村庄，各族村民长期生活在一起。各族村民能否和谐相处与该村的稳定和生产的发展密切相关。处理基层的民族关系光靠理论是不够的，增进基层民族团结还需要大量细致的实际工作。奇村的领导班子带领该村村民，为加强该村的民族团结做了很多工作。

该村领导班子始终把民族团结工作摆在重要议事日程，始终把马克思主义民族观、宗教理论以及新时期民族与宗教问题作为一项重要的学习内容。该村成立了民族团结领导机构，加强对民族团结工作的领导，同时把民族团结创建活动作为两个文明建设的根本任务纳入到干部任期目标责任制中，作为考核干部政绩的一项重要内容。村干部还把他们在农业生产方面好的做法和技术，传授给少数民族群众。村里专门成立了中心学习组，定期对村民进行理论集中学习，学习中央政策法规，学习科技实用知识，通过重点对农牧民群众面对面的教育，认真做好和开展“民族团结教育月”活动。民族团结不仅在宣传上做到，还要在实际行动上体现出来，向村民宣传“三个离不开”的思想，牢固树立少数民族离不开汉族、汉族离不开少数民族、各少数民族互相离不开的思想。通过加强民族团结，奇村干部在民族风俗学习方面相互支持，相互尊重，感情融洽，互关互爱，亲如一家，为各族群众树立了民族团结的榜样。

村“两委”班子带领群众，旗帜鲜明地同各种危害民族团结和祖国统一的言行作斗争，教育党员树立正确的世界观、人生观、宗教观，正确认识我党的宗教政策，与民族分裂分子和宗教极端分子划清界限，立场坚定、旗帜鲜明地作斗争，正确认识宗教问题的长期性、群众性、民族性、国际性、复杂性，全面贯彻执行党的宗教政策，依法加强宗教事务管理，引导信教群众在政治上爱国、爱社会主义、拥护党的领导，坚持旗帜鲜明地保护爱国宗教人士和正常的宗教活动，旗帜鲜明地反对利用宗教进行非法、违法犯罪活动的原则，同时加强对清真寺的严格管理，更好地影响和发动群众起来与民族分裂主义和非法宗教活动作斗争。

每年村党支部都要与村民签订综治责任书，坚持每月召开一次村民大会，对村民进行法制教育。建立健全村干部与清真寺的联系制度，并结合集中整治专项斗争，进一步加强对宗教事务的管理，与宗教人士签订稳定责任书，坚持每周组织宗教人士进行一次学习。在全体干部、党员、群众中掀起向先进人物学习的高潮，改进思想工作作风，强化基层党员干部素质，廉洁从政，艰苦创业，实事求是，增强事业心和责任感，密切同群众的血肉联系。

奇村领导班子结合社会主义新农村建设，不断深化民族团结教育的内涵。每年“民族团结教育月”，该村党支部组织若干名“双语”能力好、工作责任心强的党员组成民族团结教育宣讲团，分为三个宣讲小组，深入到全村住户，主要开展了以《宪法》、《民族区域自治法》、《村民委员会组织法》、《公民道德建设实施纲要》为内容的宣讲教育，向广大农民群众广泛宣传建设社会主义新农村的重大战略意义。

奇村将尊重其他民族风俗习惯明确列入村规民约中，党员干部带头遵守。为帮助在生活中有困难的各族群众，该村依据实际建立了一套互帮互助机制。2006 年以来，已累计为有困难的村民捐款 3000 余元，出义工 300 余人次，其中干部捐款 1500 余元、出工 150 人次。这些在全村各族群众中形成了良好的互帮互助、团结和睦的良好氛围，大家用一颗颗火热的心，浇灌一朵朵绚丽多彩的民族团结之花。

奇村领导班子结合该村实际条件，利用一切可以利用的设施，充分利用专栏、橱窗、板报，通过刷写标语、悬挂横幅和张贴宣传画等宣传方式，不断教育和鼓励广大人民群众，增强维护民族团结、维护祖国统一、维护社会稳定的自觉性。

村广播站每天早、中、晚三次播放有关民族团结的宣传内容，积极参与乡举办的以民族团结教育为主题的黑板报评比活动，张贴宣传画报，努力使民族团结教育进学校，进住户，努力提高宣传教育的效果，坚持以思想教育为主的方针，以“爱国、团结、进步、稳定、发展”为主题进行专题教育，广泛开展丰富多彩、形式多样的宣传教育活动。宣传马克思主义国家观、民族观、宗教观、历史观和文化观，宣传党的民族政策、宗教政策和国家法律、法规，宣传党中央关于新疆稳定、加强民族团结的一系列重要指示，宣传“三个离不开”和“各民族大团结万岁”的思想。

该村还深入开展“四个认同”宣传教育，即对祖国的高度认同、对中华民族的高度认同、对中华文化的高度认同、对中国特色社会主义的高度认同，巩固和提高意识形态领域反分裂斗争的教育成果。通过开展“四个认同”宣传教育，引导各族干部群众充分认识新疆自古以来是祖国不可分割的一部分。奇村领导班子大力宣传中华民族的奋斗历史、传统和优秀文化，大力宣传改革开放和现代化建设的伟大成就，组织各族干部群众学习中央和自治区党委关于维护新疆稳定的一系列指示的精神，结合学习《新疆历史与现状》，正确宣传新疆发展的历史、民族发展和宗教演变的历史，揭露和批驳民族分裂势力散布的种种谬论，使各族干部群众进一步统一思想，正确认识新疆发展的历史和正确理解党的民族政策，不断深化干部群众对反对民族分裂、维护祖国统一、维护社会稳定重要性的认识，增强各族干部群众反对民族分裂主义和非法宗教活动的自觉性和战斗力。

奇村领导班子注重加强对广大青少年的民族团结教育，深入进行中华民族优良传统教育、中国革命史教育、中国近代史教育以及新疆历史教育、区情教育。在各族青少年中进行社会主义道德教育，引导青少年从小树立民族自尊心、自信心和自豪感，培养良好的道德品质和讲文明意识，培养“四有新人”，真正使民族团结教育在青少年中入脑、入耳、入心。

通过组织村民参加民族团结教育知识竞赛、民族团结教育联谊活动、歌咏比赛、体育比赛、民族团结教育黑板报评比等活动，来加强民族团结。2007 年 5 月 20 日，乡机关党支部组织各站（所）、中小学校在乡政府大院举办黑板报比赛。这次比赛共有 15 个单位参加，参赛作品 15 件，以“加强民族团结，增强民族感情，构建社会主义新农村”为主题，反映出冲乎尔乡各族群众珍惜和维护民族团结大好局面的自觉性。乡机关组织工作人员对参赛作品进行了评选，其中，奇村参赛的板报荣获一等奖。通过此次比赛，丰富了全村各族群众的精神文化生活，增强了民族感情，深化了民族团结的宣传教育。

结合“扶贫周”活动，大力开展扶贫帮困活动。2007 年，在第四个“扶贫周”活动期间，奇村党支部积极组织党员干部深入村的对口帮扶点，开展送温暖、献爱心活动。村党员干部开展了以“扶持弱势群体，构建和谐社会”为主题的实践活动，采取向贫困群众、残疾群众及贫困中小学生捐款、购买农业生产资料、发放生活用品等方法进行扶贫帮困活动。

民族团结工作的成绩突出表现在，各民族村民不分你我，在日常经济活动中相互学习，相互勉励，共同富裕。村干部自豪地告诉我们：我们村民族、汉族同志们都一样，种植和养殖都差不多，相互学习，分不出高低。我们村的种植业发达，全村一共 5 个小队（组），每个组有几家民族和一些汉族，相互都有参考。

第二节　奇村村民族际交往

交往是各民族互相了解的必要条件。各民族间只有相互了解，才有助于消除隔阂和误解，增进感情，加强团结。在奇村这个有 9 个民族生活的村子，促进各民族间的交往以加强民族团结显得尤为重要。在该村调研期间，从各民族村民的往来中可以看出，该村的各族村民之间的关系都很融洽，各族村民都愿意与其他民族交往，展现了一种和谐的民族关系。

我们在该村的田间地头，总能看到具有不同民族面部特征的人在一起劳动，走上前一问才知道，他们是自愿结成的生产互助组，在农忙季节互帮互助，有利于庄稼的及时晾晒及收仓。我们的调查问卷也证实了我们对该村各民族间交往的判断。在填写问卷的 51 人中，48 人表示愿意与其他民族的人交往，占整个被调查对象的 94.1%；有 2 人表示无所谓，占 3.9%；只有 1 人表示不愿意与其他民族的人交往，占 2%。

在奇村的 9 个民族中，有 7 个民族本族语言不是汉语，他们都有自己的民族语言。不同的民族讲不同的语言，这为不同民族村民间的交流和交往产生了一定的困难。在观察中我们发现，母语非汉语的少数民族大部分都会说汉语。因此，在彼此不懂对方民族语言的情况下，汉语可以成为大部分村民的族际交流语言。在 51 个被调查对象中，26 人表示不会其他民族的语言，占 51%；25 人会说其他民族的语言，占 46%。在抽取的 8 位哈萨克族调查对象中，有 5 位会说汉语，占哈萨克族调查对象的 62.5%；22 位汉族调查对象中，6 位会讲哈萨克语，占 27.3%；18 位回族调查对象中，10 人会讲哈萨克语（其中 1 人还兼通维吾尔语），占 55.6%，还有 1 人兼懂东乡语和藏语，占 5.6%。抽取的东乡族、撒拉族和塔塔尔族调查对象各 1 位，他们都会说哈萨克语和汉语。

在这些调查对象中，有 34 人表示愿意自己的孩子学习其他民族的语言，占 66.7%；4 人表示不愿意自己的孩子学习其他民族的语言，占 7.8%；还有 13 人表示无所谓，占 25.5%。所以，可以看出大部分人（66.7%）愿意自己的孩子学习其他民族的语言。8 位哈萨克族调查对象均表示愿意自己的孩子学习汉语，占哈萨克族调查对象的 100%，其中有一位表示愿意自己的孩子再学俄语。8 位汉族调查对象表示愿意自己的孩子学习哈萨克语，占汉族调查对象的 36.4%，其中一位表示愿意自己的孩子学习哈萨克语和维吾尔语。14 位回族调查对象表示愿意自己的孩子学习哈萨克语，占回族调查对象的 77.8%，其中一位表示愿意自己的孩子学习哈萨克语和维吾尔语。东乡族、撒拉族和塔塔尔族调查对象都表示愿意自己的孩子学习汉语和哈萨克语，分别占该民族调查对象的 100%。

96.1%（49 人）的人表示愿意学习其他民族的语言（不包括外语），3.9%（2 人）的人表示在是否愿意学习其他民族语言这个问题上说不清楚。

关于“少数民族应该学习汉语，汉族也应学习少数民族语言”这个问题，相关调查如表 4－2 所示。

表 4-2　“您怎样看待‘少数民族应该学习汉语，汉族也应学习少数民族语言’?”问卷调查统计

	人数（人）	所占比例（%）
同　意	46	90.2
不同意	1	2.0
说不清	4	7.8
合　计	51	100.0

关于少数民族语言和汉语的双语教学（在当地主要是哈萨克语和汉语），绝大部分人认为双语教学好，应该积极推广，但也有个别人不同意或说不清楚，如表 4-3 所示。

表 4-3　“双语教学好，应该积极推广?”问卷调查统计

	人数（人）	所占比例（%）
同　意	48	94.1
不同意	1	2.0
说不清	2	3.9
合　计	51	100.0

冲乎尔乡是个多民族聚居区，全乡有两所九年一贯制学校（即从小学一年级到初中三年级都有），其中一所是汉语授课学校，其学生主要是汉族和少数民族学生，另一所是哈萨克语授课学校，学生主要由哈萨克族学生构成。奇村大部分人对民汉合校也持肯定的态度，只有个别人不希望自己的孩子进入民汉合校学习，如表 4-4 所示。

表 4-4　“您是否希望自己的孩子进入民汉合校学习?”问卷调查统计

	人数（人）	所占比例（%）
同　意	41	82.0
不同意	5	10.0
说不清	4	8.0
合　计	50	100.0
未　答	1	2.0
总　计	51	

奇村虽然位于边境地区，但很多村民都表示希望自己的孩子能在内地工作，极少数人表示不希望自己的孩子在内地工作，如表4-5所示。

表4-5　“您是否希望自己的孩子在内地工作？”问卷调查统计

	人数（人）	所占比例（%）
同　意	40	78.4
不同意	6	11.8
说不清	5	9.8
合　计	51	100.0

奇村的9个民族中，有信仰宗教的，也有不信仰宗教的，当地的宗教主要是伊斯兰教，而且不同民族的语言和风俗习惯都不相同。因此，在当地，不同民族通婚还存在一定的困难。表4-6列出了对不同民族之间通婚持不同看法的人的比例。

表4-6　“年轻人应该和同民族的人结婚？”问卷调查统计

	人数（人）	所占比例（%）	有效比例（%）
同　意	20	39.2	42.6
不同意	20	39.2	42.6
说不清	7	13.7	14.9
合　计	47	92.2	100.0
未　答	4	7.8	
总　计	51	100.0	

不同民族在交往过程中总会存在一定的障碍，奇村不同民族的村民在交往中也面临这样的问题。在调查中，58%的人认为自己与其他民族交往的主要障碍是语言不通，22%的人认为是风俗习惯不同，12%的认为是宗教信仰不同，32%的认为没什么障碍，2%的人认为是其他障碍，但也说不清是什么障碍。

第三节　民族团结先进事迹

在多民族聚居区，各民族间的互助在生产和生活中是很常见的。冲乎尔乡和奇村也有很多这样的事迹。冲乎尔乡政府提供了以下一些民族团结的先进事迹。

> 奇村有一位70多岁的哈萨克族孤寡老人，为了使他安度晚年，村干部积极带头帮助照顾，冬天给他送去过冬用的衣物和煤炭，夏天为他送去粮食。奇村另有一位汉族老人生病住院身边无人照顾时，村干部积极组织全村党员干部进行研究讨论，决定派一名汉族党员去照顾他。在这位汉族老人住院期间，村级“两委”干部多次购买营养品到医院看望老人，并叮嘱老人安心养病。
>
> 奇村党支部书记张青花教育党员、干部、群众时刻铭记，在一个大家庭里，不论什么民族都是中华民族的一员，汉族和少数民族亲如一家，应该相互学习，相互帮助，相互支持，要求党员干部像爱护自己的眼睛一样，爱护民族团结，要求汉族群众要像对待自己的亲兄弟一样对待少数民族群众。在少数民族过肉孜节或古尔邦节时汉族村民就如同自己过节一样，走亲串友，互相拜年，互相祝愿。
>
> 村委会主任马兴国非常注意村领导班子的团结和各族群众之间的团结。奇村由汉、哈、蒙、回等9个民族组成，各族人民都有自己的生活习惯和不同的宗教信仰，要想使大家和睦相处，亲如兄弟，也非一件易

事。为此，马兴国经常走家串户，了解情况，把各族群众的心事时刻放在心上。他不光在各种会上经常强调民族团结的思想，还以身作则，广交各少数民族朋友，帮助他们科学种田，搞多种经营。他会说哈萨克语，利用这一优势他加强了同哈萨克族群众的交流，更多地了解了他们的思想。在他的带动下，全体村干部也都主动帮贫扶困。因为少数民族较多，矛盾难免，因此一旦发生村民纠纷，他都能及时到达，多方面了解情况，做双方思想工作，直到双方和好如初。在他任村委会主任期间，民事纠纷案件逐年减少。

木拉提别克，男，1952 年出生，哈萨克族，冲乎尔乡人大主席团主席，是冲乎尔乡民族团结的模范，由于热心帮助别人，受到当地各族农牧民的尊敬和爱戴。

木拉提别克经常学习党中央的方针和政策。他充分认识到威胁和破坏新疆稳定的主要危险来自非法宗教和民族分裂活动，搞好民族团结对于维护新疆稳定十分重要。冲乎尔乡的居民由 13 个民族组成，地处偏远，距县政府 70 多公里，如果不搞好民族团结，那就谈不上本乡的稳定和发展，更谈不上提高各民族群众的生活水平。因此，木拉提别克非常注意民族团结，充分发挥各民族群众的积极性，提高各族农牧民的生活水平。

从经济条件上来说，靠工资生活的木拉提别克还算不上富裕，但他却始终没有忘记帮助别人。不论在科学技术方面还是资金方面，木拉提别克都尽力去帮助各族群众。由于他的基层工作经验和生产实践经验丰富，而且声誉很高。所以，冲乎尔乡很多人家不论哪个民族只要是有了困难或遇到麻烦，都会来找木拉提别克请教或是求助，而他本人也是有求必应，尽量予以解决和帮助。

居马白，哈萨克族，家中有8口人，由于没有文化，思想观念陈旧，家里孩子多，妻子经常生病，导致家庭困难，居马白也由此养成了嗜酒的恶习。木拉提别克得知这一情况后，来到居马白家，首先开导他解放思想，放下思想包袱，振作精神。同时，木拉提别克把自己的3头奶牛长期让他饲养，牛奶全归他使用。这样一来，使居马白对生活充满希望，不仅下决心戒酒，还带领家里成员出外打工挣钱，经过两年多的努力，居马白家庭条件逐渐好转，去年（2006年）还有两个孩子成婚。

郭荣强，一个汉族同胞，是木拉提别克的困难联系户，他的年龄已大，没有老伴，孩子成家后都回老家去了，缺乏劳动力，缺乏科学技术，所以家里非常贫穷。木拉提别克经常到他家里指导生产，垫钱帮助他购买化肥、种子，同时帮助他干一些力所能及的农活。经过他的帮助，郭荣强摆脱了贫困。

奇村哈萨克族村民塔布斯看见别人都富了，心里很着急，他家因小孩多，妻子又长年生病，生活一直十分拮据。木拉提别克从自己家里拿出4000元钱，让他搞牲畜买卖。经过两年的运转，塔布斯不仅还清了所欠债务，而且有了6000多元的存款。

蒙古族村民沙米亚一家，人口较多，条件比较差，沙米亚本人又得了重病，一时间家里生活落入困境。

木拉提别克同志得知后，及时向政府反映情况请求生活救济。同时，木拉提别克还经常上门指导其家人如何管理农田，还帮助干一些杂活。经过一年多的悉心帮助，终使沙米亚一家走出了困境。

第五章　宗教信仰

奇村是冲乎尔乡的一个大村，也是一个典型的多民族聚居村。这里聚居着汉、回、哈萨克、壮、蒙古、东乡、撒拉、俄罗斯等多个民族，其宗教信仰状况也较为复杂，除了具有本地区突出特征的伊斯兰教信仰外，村里还有基督教信仰活动。

第一节　奇巴尔托布勒克村宗教活动场所与宗教活动基本情况

一　伊斯兰教

奇村是一个以伊斯兰教信仰为主的村落。在该村信仰伊斯兰教的群众中，回族、东乡族和撒拉族居多，因此，村里的清真寺也是一个回族寺。

清真寺位于连接乡政府与村子的主干道旁的村民院落西面，紧邻村民的土地，这里也是村里回族、东乡族等多民族信教群众的聚居地。

村里的清真寺并不如我们想象中那么华丽。这是一个年代相对久远的清真寺，为砖混合土坯建筑混合结构，外表看十分简单，并不比周围富裕村民的宅院显眼。清真寺大门朝南，院落不大，除了主寺外，正对院门的还有一排平房，专供寺院人员休息和日常活动之用。我们去的时候正值斋月和农忙期间，并未看到普通村民前往清真寺做礼拜的现象。相反，在清真寺旁随处可见村民们忙着晾晒、扬场，收拾打理当年收获的农作物。在清真寺西面刚刚收割完的田地里，分布着三三两两的牛羊捡食作物秸秆或青草。村民们充分利用这最后的时刻为冬季销售或过冬做准备。

清真寺顶端的新月标记告诉我们这里与周围村民居住院落的差异。当然，如果没有人专门引导，位于村子偏僻一角的这座并不起眼的清真寺还是不大容易被发现。由于清真寺旁的道路状况并不好，我们的车子历经艰辛才勉强靠近。为了减少麻烦，我们的后续调研更多地以步代车，这也让我们更好地熟悉了清真寺周围的环境。

走进清真寺的小院，正对院门的平房是寺主人居住的地方。这是一排砖混结构建筑，木制大门用铁皮包裹，足以抵御新疆西北部冬季的寒风。村干部告诉我们：村里现在的伊玛目是周永录，回族，来自甘肃。有伊玛目上岗证，目前没有家室，也没有地。靠教民捐助，政府每月发放给他生活补助费150元，一年共计1800元。

主人在会客厅兼卧房的房间接待了我们的到访（见图5－1）。这是一间20平方米左右的屋子，里面摆放着几件简单家具，都是非常老式的木制产品，如五斗橱、八仙桌和低矮的储物柜。正对门的墙上醒目地悬挂着几幅照片，那是主人近些年参加各类宗教人士培训班留下的合影，也充分说明了主人的学识与身份。八仙桌和储物柜上摆满了各种与宗教有关的书籍和各类相关材料、文件、档案等。主人兴致勃勃地为我们展示了他所获得的各种国家或地区颁发的证书，其中包括他1995年在兰州桥门清真寺获得的毕业证书、1996年在兰州城关区南关清真大寺满拉政治学习班的结业证书、自治区2004年度第10期爱国宗教人士培训班的结业证书、1993年在甘肃获得的《古兰经》朗诵大赛纪念奖，以及甘肃省伊斯兰教协会正式颁发的《阿訇合格证书》。

图5-1　周永录阿訇（摄于2007年9月15日）

在主人的房间，我们还看到了墙壁上巨大的彩色宣传图板。图板的上方是巨大的板书："宗教要与社会主义社会相适应"（见图5-2）。从图板上的文字可以看出：布尔津县冲乎尔乡奇村清真寺始建于1982年，为土木结构，占地面积1360.8平方米，建筑面积89.17平方米，大殿面积72.98平方米。1996年进行维修，为砖混结构。2002年6月对寺围墙、门楼进行维修、重建。在这段介绍清真寺概况的简短文字的右侧，是联系清真寺领导和寺主要工作人员的照片，分列上下两排。

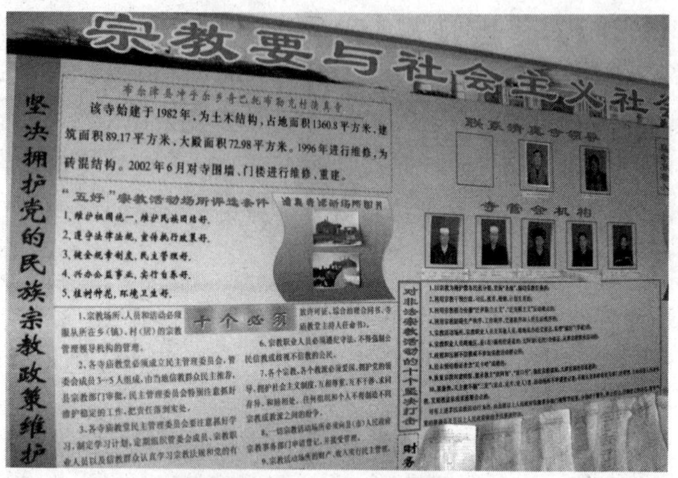

图 5－2　“宗教要与社会主义社会相适应”彩色宣传栏

（摄于 2007 年 9 月 15 日）

图板的其他地方书写着拥护党的民族宗教政策的口号，以及“五好宗教活动场所评选标准”、清真寺活动场所图片、“十个必须”、“对非法宗教活动的十个坚决打击”、“五好宗教人士评选条件”、“五个不带入”等相关规定或宣传内容，均为提纲类，十分简单。这些与当地很多清真寺内图板的内容相似。

图板的下方粘贴的一些公文信签及上面的文字引起我们的注意，原来这里罗列的是清真寺的收入与支出统计表。从表中可见，收入基本来自教民的实物捐赠（如黄豆、玉米、小麦等）和一些现金捐款，另外还有一些乜贴，数量从几元、十几元到几十元不等。支出的内容则十分繁杂，除了清真寺基本的电费、拉煤费之外，还有寺院作物收割后的运输费、寺院人员的探亲费、支付给杂志或有关部门的各类费用，以及参加其他寺院活动时的费用开支等。

院子的西侧靠近大门的地方，是面积不是很大的清真寺（见图5-3）。这是整个院落的主题所在。从前部看，整幢建筑彩绘丰富，十分漂亮。清真寺的前廊与椽子均为彩绘木制，上面是色彩亮丽、栩栩如生的梅兰花竹松的图案。全屋共有椽子33根，整齐地排列着，顶端为统一的绘画。其下有10个突起的小房檐，上面用油彩描绘着卷云图案，而木制房檐本身也被雕刻成腾云状，十分动人。彩绘的门廊上除了色艳欲滴的花草外，三排阿拉伯文书写的经文告诉外人这座建筑物的实际属性。正门的两根木制柱子尽管依然色彩艳丽，但斑驳的裂纹显示其年代的久远和经历的风霜雪雨的洗礼。而经过翻修的大殿和门廊两侧的主要梁柱则用白色长条形瓷砖镶嵌，多少给人以现代的感觉。清真寺大殿的正门为四扇屏风式木制门。显然，这个村子的教民尤其是最初建造这座清真寺的捐资者，多来自内地，因此受到内地建筑风格的影响颇深。

图5-3　清真寺前廊（摄于2007年9月15日）

我们随后对周永录进行了访谈，了解到他的家庭、工作和村里信教群众及其活动的一些基本情况。

个案 5-1 村宗教人士回教清真寺阿訇周永录访谈

周永录，甘肃临夏韩集镇磨川村人，1967 年出生，现年 40 岁。家庭有 17 口人，父亲是农民，兼商人。祖父、曾祖父都是阿訇。周永录受爷爷的影响较多，从小就有一些经文知识。周永录兄妹 4 人，1 男 3 女，只有他和妹妹在六村。其余两个姐姐都在甘肃。老婆孩子（4 个）都在内地。1974 年在漠村上小学。1979 年在县中学读初中。1982 年初中毕业。其间曾担任过班干部。1982～1983 年在家待业。1984 年开始学习阿拉伯文。1984 年在临夏、兰州、东乡等地学习阿拉伯语。从 1996 年开始在甘肃省伊斯兰经学院就读阿文文学、宗教学，1999 年毕业，学历为大学本科。1999 年通过省宗教局开办的政治学习班考试（时事政治），并领到了阿訇合格证。1999～2001 年曾去过西安、临夏、西宁、拉萨等地经商。2001 年到布尔津县冲乎尔乡六村担任村清真寺阿訇至今。

当年做生意是因为周永录想利用年轻的时机挣点钱。做阿訇并不是由于生意上的困难。到这里主要是贩卖一些中草药，挖金子。他曾经在 1986 年来此探亲期间挖过金子。那时候挖金子可以收入 1000 元/月。他妹夫曾经在哈熊沟开过矿。妹妹周玉芳，是本村村民。妹夫是青海人。妹夫家在民国十八年（1929 年）时就来到六村。妹妹 1981 年经亲戚介绍嫁来此处。他是来看妹妹期间跟着大家挖金子，当时他有阿訇证，村里很多人都认识他，因此请他去念经。当时村上没有阿訇，自然而然村里人就开始请他来当阿訇。1986 年过来时，清真寺不过是一些土屋子，办公室还没有现在的规模。1982 年，六村（奇巴尔托布勒克村）开始建清真寺，当时是土房子。第一任伊玛目是马尕虎，是小坊，任期为1982～1985年；第二任伊玛目韩维新，是格底木派，是老派的，任期为1986～1992年；第三任伊玛目蒋国荣，是新派，任期为1992～1994年；第四任伊玛目马阿布拉，是老派的，任期是1995～1996年；第五任伊玛目是周尕西姆，是老派，任期是1997～2001年；第六任伊玛目就是现在的周永录，是老派的，但新、老派都来请他。

中华人民共和国成立后来到这个村的有四批：有20余户人是1958年从内地来到这里的。这些人往往家庭成分较高，如地主、富农等，还有一些国民党军官家的。还有一些早些时候来到此处的国民党军马呈祥军长的部下，在新疆和平解放时期有一点功劳，跟他来的一部分人为甘肃籍的回族，亲属都在内地。很多人来此之后开始在此安家。因为新疆地大物博，叫来了不少老家的人。还有一部分人是老家有些生活困难不得不逃荒或投奔亲戚来的。近几年来这里的主要是挖金子、挖虫草和挖贝母的人。

目前全村有55户回民，分成两派，有大坊（老派）、小坊（新派）。教派之争严重时，曾有打架斗殴等事件。过去用棍棒互相打斗。尤其是在建寺初期的韩维新（撒拉族）、蒋国荣时期，是最乱、教派纷争最激烈的时候，为争夺清真寺领导权，双方大打出手。两派的主要分歧就是高站诵和低站诵问题，但在诵读《古兰经》时两者并无区别，只是在办理丧事的时候有区别。小坊不念经吃饭，大坊是先念经然后站诵圣人，然后吃饭。周永录当阿訇以来，基本上平息了这些矛盾，淡化了两派的矛盾。周永录去两个坊的人家念经，包括回族、撒拉族、东乡族、哈萨克族。大家都有礼节性的奉献，如请阿訇去家里吃饭，对阿訇都十分尊重。刚来的时候他在村上轮流吃了一年的饭。每家每户都吃，也有人主动请他多吃几天，有时也会同时几家来请。他就采取先来后到的办法解决，基本都去。考虑到有些不便，现在基本上不再去吃饭了。因为有时候男的外出工作不在家，不方便，此外也为防止别人说闲话。而且天天去吃也增加了别人的负担。

现在每天来做礼拜的差不多有10多个人，主要是老人。来做主麻日礼的大约35人。两节的时候人多一些，100~200人。古尔邦节和开斋节每家每户都去，在此期间他要走访每家每户。念经、说点节日祝福的话，教民给他送点钱，根据家庭条件每次念经捐款2~10元不等。如果这时候有小孩出来给他行萨拉姆礼，阿訇就散给孩子2元礼钱。有时如果那户人家没有给念经的捐助，阿訇就不得不自己掏腰包，给行礼的孩子2元钱，也就类似汉族人的压岁钱。在两节的时候寺里也会给予贫困户、五保户适当的慰问和帮助。原来热衷教派之争的情况现在逐步淡化。老人比年轻人更重视教派问题。这时候阿訇的作用非常大。如果阿訇在寺里多灌输一些平等、和平、和谐的思想，对教民的作用是很重要的。会对他们形成潜移默化的影响。经过几年的努力，门宦制度、教派之争基本上已经不存在。

红白喜事：回族结婚时仍然要请阿訇念尼卡。在不违反国家《婚姻法》的基础上也要行这种礼。念完尼卡后一般给阿訇50元，但视各家的财力，为表示对孩子结婚的隆重程度，也有更多的。丧事上，人去世时念站则那孜“乃玛子”。这是活人对死人的最后一次祈祷，也是穆斯林的一种义务。每个人都给钱。死者家属拿出一些钱来给参加葬礼的人。平均每人给5元，阿訇一般为50元。主要是为了给死者赎罪。穷人根据自己家的经济状况给1～2元都可以，没有硬性规定。如果死者家再出不了这个钱，由清真寺出钱出力。比如外地来到本村的教民，不幸去世，也由清真寺出面替他埋葬赎罪。如果有不明身份的人突然在清真寺去世，可以通过头发、指甲和是否行过割礼来确定其是否为穆斯林。

割礼：现在已经不请阿訇做割礼，而到医院去手术了。但一般教民是先请阿訇、街坊邻居念经再吃饭，最后才送去医院做手术。这是根据当地哈萨克族的习俗而来。请去的每个人都得给小孩子钱。按照各自的关系给孩子。有给100元、50元、10元不等。这时主人要给阿訇10元，祈求平安。主人还得给其他参加割礼仪式的亲朋好友、街坊邻居1～2元，祈求家庭平安、孩子平安。

出生起名字：六村出生孩子时依然有起经名的习俗。孩子出生一到两周后就要请阿訇去起经名。阿訇根据圣人名字来取名，只要不跟自家的孩子、大人的经名重复就可以。起经名的过程是阿訇先念一段经文，对着幼儿的右耳朵要吹“般课”（召唤词，就是招呼大家来做礼拜的意思）。然后再对着左耳朵吹“尕麦”（站礼词），之后再叫经名，至此结束即可。比如男孩叫“穆萨”、“尔萨”、“易卜拉黑麦尔”、“萨里海”等，女孩的名字有“法蒂玛”、“孜纳拜尔”、“玛丽亚姆”等。

本月是封斋月，每天开斋时间是傍晚8:50，到第二天凌晨6点终止。每天都有人请阿訇和坊民一起开斋。这被认为是一种善举，或者是奉献，表示一种纯净的心意。10月13日是开斋节，到第27天的晚上六村的教民聚众祈祷，叫“格德尔”夜，意思是“决定命运的时刻”。每家每户都带来油香，寺里面出钱买羊宰羊庆贺，教民也可以宰羊庆贺。因为这是《古兰经》将士的夜晚，所以祈祷也比较灵验，也是高贵吉祥的夜晚。这一夜阿訇主要告诉教民这一夜的珍贵，以及一些天仙降世人间，为人类世界祈求平安幸福。我们应为自己的生存空间的平安、和谐、幸福祈祷。

还有一个仪式叫“巴拉提月”，也就是从 8 月 12 日开始到 9 月 13 日前，是忏悔月，自我检讨，每天在自己家里或者请阿訇和街坊邻居与村里的老人一起，由阿訇念经，自己默默地祈祷忏悔，之后再吃饭。这时一般吃一些抓饭、手抓肉、大盘鸡，或炒几个菜。主人要给参加忏悔活动的每一位来宾 3 ~5 元不等。阿訇的钱和大家基本差不多，有时可能略多。去参加仪式的人不带礼物。阿訇是在看望病人或家里有病人的时候才带礼物。阿訇去参加割礼时带礼物，参加婚礼时带礼物，念尼卡时阿訇不带礼物。

3 月 12 日，也就是伊斯兰教历的“圣纪节”，这主要是老教的活动，通常宰牛羊，做油香、抓饭，邀请各坊的阿訇、寺管人员、教民到寺里来进行活动，活动内容包括念古兰经、赞颂圣人和进行演讲等。根据时间的情况，推选一些德高望重的阿訇演讲。演讲的内容主要是如何孝敬父母、夫妻和睦、教育子女、搞好经济建设方面的东西，是一种经验交流。之后在清真寺里吃饭。主要由寺管会的人主持这些活动。

二 基督教

令我们颇感意外的是，在奇村我们还无意间遇到了信仰基督教的村医，并从她那里了解到村里基督教活动的历史、现状等基本情况。

个案5－2　奇村基督教活动情况访谈

村医的姐姐从安徽搬过来五六年了，她带来了安徽老家的基督教传播思想。经过她的努力，村里人第二年就开始有信教的，包括村医。开始大家有抵触，但后来渐渐开始相信。

村民们信仰基督教的主要活动就是在自己家里聚集在一起，读《圣经》，唱《圣歌》，其他也没有什么。《圣经》上有歌词，也有老师教授。一般周日才活动，自己来，不叫。家里特别忙的时候也可以不来。姐姐搬来后在这里包了很多地，农忙时节也没时间参加活动。

信教徒多为女性，也有男性，主要是40～50岁的，也有20多岁的姑娘媳妇，外村的也有。村医家在乡里街上，姐姐家也在那儿附近。

信教者不在乎谁领着活动，都自己看。《圣经》在街上能买上，其他教徒会告诉你买的地方，一般书店里有。

村医认为现在的活动不算是什么活动，就是大家一起，翻开书，念上一段，看看这段什么意思。《圣经》上标注的很清楚，不用解释。唱完了就各自回家。

信仰基督教的好处，这是人的一种寄托和依靠、依赖。村医家的日子一直都还可以。她信仰基督教的原因是，以前一直睡眠质量不好。有一天她拿起《圣经》，说“耶稣，你能让我睡觉睡好了我就信你”，真的那天她睡得很好，所以就信了。作为村医她已经多年失眠了，因此感觉这件事很奇怪。

她把自己的经历告诉了别人。村里其他人也有类似情况，如健身方面的。

除了唱歌之外，在困难的时候这些信教者还相互帮助。

村医是1980年过来的，是跟着先过来的丈夫来的。

这些信教者都在自己家里活动。一开始乡里不大同意，但现在基本默许了。信教者没有申请活动点，也没有什么特别的活动，就是读经、唱歌。一开始说奇村是边境地区，不让信，但后来不干涉了。

现在的活动主要是三两个人在自己家里唱歌、读书，也不到处乱串，不到处乱讲，不拉帮结对。原来村医的丈夫经常喝酒、闹事，但信教后就改变了。教义上要求不喝酒、不抽烟、做好事、不骗人、不骂人，说得可好了。《圣经》里面讲了很多是关于道德戒律上的，不过现在的信教者还做不到完全按照《圣经》来规范自己的行为。

这几年总体说社会道德和治安还是好一些了。街上做生意的、餐饮广场上的都是村里的村民。做其他事情的慢慢少了，大家开始逐渐变好了。

信教者集中在一起的时候最多的有10多个人，没有游客，但有外村的，主要还是认识的那一片的人，开商店的多。好多都是内地来这里几十年的，甚至是土生土长的。

村医是安徽阜阳地区蚌埠的，在家里就是赤脚医生。有两个孩子，女儿在医学院读书，儿子刚刚大学毕业，在布尔津县教书，9月份才上班，学的计算机，咸阳上的大学，是通过考试录取的。两个孩子也受父母的影响，开始慢慢信了。儿子稍微差一些，不大参加村里信教者的活动。

第二节　村民的宗教观念及活动

由于民族众多，情况复杂，我们在访谈之外，还通过对不同民族村民的问卷调查了解到当地村民的基本宗教观念及其活动。这些都有助于我们进一步掌握奇村的宗教信仰基本情况。

我们的问卷覆盖了该村汉、回、哈萨克、撒拉等多个民族，共计51份，全部为有效问卷。村民在回答自己的宗教信仰属性时，有29位选择了伊斯兰教，这说明全村主要的宗教信仰为伊斯兰教，伊斯兰教信仰者的问卷在整个问卷调查总数中的比例高达56.9%。什么教也不信的居次，有18位，这与该村众多的汉族人口有关，比例为35.3%。信仰佛教和基督教的分别有2位和1位，比例很小，分别为3.9%和2.0%。此外还有1例没有给出答案。考虑到布尔津地区有一定的蒙古族和汉族群众，而且佛教信仰活动往往表现为村民自己的个人行为，没有形成规模或社会性影响，因此，奇村除伊斯兰教信仰之外的宗教活动更突出地表现为村民自发形成的基督教活动。虽然在被调查者的人数上略少于佛教，但其社会影响力和受关注程度对相关部门在管理工作上带来的压力要大一些。

村民参加宗教活动的频率反映着村民对所信仰宗教活动的参与程度，也从侧面反映出一种宗教信仰对社会影响力的大小。在奇村的调研问卷中，即便有32份被调查者选择了各自的宗教信仰状况，但在参加宗教活动方面，真正做到经常参加的只有5人，每周参加活动的3人，很少参加（每年两次或更少）的10人，比例分别为9.8%、5.9%和

19.6%。相反，不参加任何宗教活动或没有任何宗教活动意向的人分别为14人和19人，比例高达27.5%和37.3%。

不参加宗教活动并未影响村民对国家目前宗教政策的信心。在问卷中，有45人认为自己的信教自由是有保障的，比例高达88.2%。只有2人认为自己没有信仰宗教的自由，3人说不清，另1人没有回答，这三种答案所占比例分别为3.9%、5.9%和2.0%。这一结果与我们在村里进行实地调研时得到的回答相同。不论是伊斯兰教、基督教还是佛教，村民的信仰活动在不超出国家宗教事务管理范围的前提下，都得到了很好的保护。村民们完全可以通过正规渠道表达自己的宗教信仰愿望和属性，并在合法、合理的条件下实现各自的宗教活动。

针对奇村的伊斯兰教群众众多的情况，我们专门调查了该村群众的朝觐观念及活动。截止到此次调研时，奇村尚未有穆斯林群众参加国家有组织进行的朝觐活动。但随着近年来各种思想的传播、信息流通的加快和普通村民富裕程度的增加，很多穆斯林群众对朝觐的态度出现了潜移默化的变化。在29例回答信仰伊斯兰教的问卷中，有6位回答很想去朝觐，15位回答想去，分别占信仰伊斯兰教问卷的20.7%和51.7%，两者合计达到了72.4%。另有8位没有考虑过该问题，占27.6%。与这一问题答案相似的，在回答“是否认为有条件的穆斯林应当完成朝觐”的问题时，有25例回答是肯定的，比例高达86.2%。这些都说明尽管很多穆斯林群众平时参加的宗教活动并不多，但他们对于朝觐这种与伊斯兰教信仰相联系的行为依然有些向往，或者受到外界宣传的过多影响。

在询问村民将来希望自己的孩子从事何种职业时，有1

位村民表示期望他成为一个宗教人士。而在回答“是否应该尽早给孩子传授本民族的宗教知识”问题时，人数相对接近。共有31人给出答案，其中同意这一观点的有18人，占回答该问题的58.1%；不同意的10人，说不清的3人，分别占32.3%和9.7%。

当然，在询问村民日常生活中对不同民族间交往形成障碍的因素时，也有大约10%的被调查者认为宗教信仰差异是其中的一个原因。尽管这一比例是我们给出的四个选项中被选中概率最低的，但也说明，在村民的日常交往中，宗教信仰差异一定程度上影响到多民族和谐关系的构建。

第三节　宗教事务管理与历任宗教人士

人员流动性强、与外界交流多、参与社会经济活动频繁，这些都是奇村的特色，也反映出这个山间村落近年来经济发展步入快车道及由此带来的后果。其结果，在这个西北的小村庄，我们看到了基督教的活动，这部分增加了当地政府宗教事务管理工作的难度，也使得原本简单的宗教信仰状况更加复杂。在调查中我们也发现，该村还有一名跨省学经人员外出学经。此人名叫马小军，回族，1987年11月出生，男，初中文化程度，家住奇村四组，2004年9月开始在临夏马彦庄学经。2007年，该村另一位村民马国军申请进新疆伊斯兰经学院深造。从他的申请报告中可见，马国军现年22岁，回族，2001年10月到甘肃省临夏县某清真寺学习伊斯兰经文逾五年。村委会出具的证明中也显示，该村民遵纪守法，无违法违纪现象和不良行为，并已掌握了一定的伊斯兰经文知识。

村上的清真寺是信教徒1982年5月自愿捐款修建而成的。当时随着国家改革开放政策的贯彻落实，村里信仰伊斯兰教的各族群众依据党的宗教政策，为方便自身信教活动，经县、乡各级政府批准，自愿捐款建成了这座规模不大的清真寺。

从1982年至今，清真寺经历了20多年的风风雨雨，其间管理人员也不断发生变化。截至目前，已经有六任清真寺伊玛目先后任职。

第一任主持清真寺伊玛日为马尕虎，主任马子英，副主任马良，任期为1982~1985年。

第二任主持清真寺伊玛目为韩维新，主任马子英，副主任马良，任期为1986~1992年。

第三任主持清真寺伊玛目为蒋国荣，主任马子英，副主任马良，任期为1992~1994年。

第四任主持清真寺伊玛目为马阿什拉，主任马子英，副主任马良，任期为1995~1996年。

第五任主持清真寺伊玛目为周尕西姆，主任王春，会计马继贤，任期为1997~2001年。

第六任主持清真寺伊玛目为周永录，主任马海云，副主任韩文豪，会计马继贤，出纳丁宝玉，任期为2002~2005年。

2006年之后仍由周永录担任伊玛目，也并未看到清真寺管理人员有新的变化的材料。在县里的统计材料中，还可以看到该村还有一位阿訇，名字叫马忠，男，回族，1979年出生，初中文化程度，2005年起开始担任村阿訇职务。

村档案材料中有该村清真寺人员登记表，从中可以了解这些目前工作人员的基本情况。

周永录，清真寺伊玛目，男，回族，1967 年 6 月出生于甘肃省临夏县韩集镇磨川村，目前家庭住址仍位于此；家庭出身农民，1982 年初中毕业。1984 ~ 1995 年前往临夏、兰州、东乡等地学习阿文；1996 ~ 1999 年在甘肃省伊斯兰学院就读阿文、经文学，获大学学历；1999 年 1 月参加省宗教局开办的政治学习班，领取到阿訇合格证；1999 ~ 2001 年在西安、临夏、西宁、拉萨等地经商；2002 年起到冲乎尔乡奇村（俗称六村）清真寺担任阿訇（伊玛目）。未曾参加出国朝觐等活动。

马海云，清真寺主任，男，回族，1959 年 10 月出生于冲乎尔乡，目前家庭住址为冲乎尔乡奇村二组，家庭出身农民，初中文化程度。1977 年初中毕业后到乡农机站工作，至 1982 年，之后购买了大型农业机械从事农业生产至今。1998 ~ 2001 年 10 月担任村清真寺副主任，其后至今为清真寺主任。

韩文豪，清真寺副主任，男，回族，1934 年 2 月出生于甘肃省夏河县，现居住于冲乎尔乡奇村五组，家庭出身农民，高中文化程度。1961 年 4 月从甘肃迁来冲乎尔乡居住。1970 ~ 1980 年担任奇村粮食保管员；1984 ~ 1987 年在该村担任教师，其间还曾经被评选为优秀教师并参加表彰大会；1987 年之后从事农业生产；2001 年 12 月当选为村清真寺副主任至今。

马继贤，会计，男，回族，1961 年 6 月出生于青海省民和县，毕业于冲乎尔乡汉中，初中文化程度，现居住于奇村四组。1979 ~ 1996 年在家务农；1996 年 9 月经教民选举担任村清真寺会计至今。

丁宝玉，出纳，男，回族，1973 年 4 月出生于甘肃省张川县，1978 年迁居冲乎尔乡居住，1988 年毕业于冲乎尔乡汉中，初中文化程度，现居住于奇村六组。1998～2001 年 11 月在家务农或外出打工；2001 年 12 月经教民选举担任村清真寺出纳至今。

根据宗教事务管理的有关制度规定，奇村清真寺建立了自己的联系领导制度。根据该制度规定，清真寺除了做好防火、防盗、环境卫生等基本日常工作外，还要求相关联系领导经常前往清真寺指导工作，并参与清真寺的年初计划与年终总结等基本工作，每年必须保证与宗教人士至少开展两次谈话以了解情况。此外，联系领导还要负责清真寺工作人员的每年考核和清真寺财务的公开工作，保障信教群众的合法权益。

2005 年奇村村民周永录、马忠、王建山在地区塔里甫考试中成绩突出，且经乡党委考核在政治上、思想上过硬，工作上积极努力，并得到信教群众的广泛认可，因此获乡党委推荐申请颁发塔里甫合格证书。

在奇村村委会，我们还看见了一份不长的反邪教工作总结。从中可以看出，该村为此专门成立了由村委会主任任组长的防范和处理邪教工作的领导小组，并专门制订了反邪教警示教育活动的计划，落实了反邪教工作制度、规定等。根据农村的特殊性，村里利用冬春农闲时间，采取灵活多样的形式，开展了以“崇尚科学、关爱家庭、珍惜生命、反对邪教”为主题的反邪教警示活动，并结合荣辱观教育，开展了“以崇尚科学为荣、以愚昧无知为耻”的荣辱观教育宣传。这些都强化了反邪教工作的力度，提高了工作质量。在此基础上，全村的综合治理工作也得到有效促进和深化，为今后各项工作的顺利开展奠定了扎实的基础。

第六章　社会事业发展

社会事业的发展是经济发展的综合反映，但反过来又为经济发展提供支持和动力。社会的进步归根结底要通过社会事业的发展来体现。布尔津县近几年的经济取得一定的发展，相应的该县的社会事业也得到一定程度的进步。奇村的经济在近几年取得较大发展，社会事业建设也取得了一定成绩。

第一节　医疗卫生

一　全县医疗卫生概况

布尔津县是地处西北的一个偏远地区，通过这些年国家的大力支持与该县有关部门的共同努力，全县的医疗卫生机构建设取得了较快的发展，与全疆平均水平相比还是不错的，尤其是县人民医院的建设水平比较高。县人民医院在 2005～2006 年间投资 1000 多万元新建了门诊住院楼，条件较好，设备齐全。

全县的县、乡、村三级医疗卫生网络建设也健全。各个乡有乡级卫生院，村有村卫生室。乡村医疗卫生工作的重点是基本预防和保健。目前一般的重病、大病，县级医疗就可以处理。疑难杂症和重特大病症方面，县医院可以与地区和自治区有关医院保持协作关系，可以送病人去协作医院治疗。

总体看，农村的老百姓在家门口就能看一般性的病。稍微重一点儿的，可以送去乡镇卫生院，那里一般有床位。如果还不行或者病情较危重，可以给县医院打电话，有120急救24小时服务，全县的道路交通情况很好，一般能接过来，及时到医院接受治疗。

全县有63个行政村、41个村卫生室，共68名村医（2006年落实每人每月80元，2007年争取每人每月120元）。其中哈萨克族51人，汉族11人，回族5人，蒙古族1人；年龄在20～30岁的22人，占32.4%，30～40岁的31人，占45.6%，40～50岁的9人，占13.2%，50岁以上的6人，占8.8%；66名村医参加2005～2006年自治区统一举办的村医资格考试，并取得村医资格证书，占97.1%；中专学历的48人，占70.6%，初中学历的20人，占29.4%。村卫生室业务用房简陋，医疗设备几乎是空白，仅有听诊器、体温计、消毒锅和血压计等简易诊疗设备，有的甚至这些设备都不全。村医大多数学历和职称较低，享受待遇和接受培训过少，技术力量薄弱，诊疗水平较差。

二　冲乎尔乡卫生院

冲乎尔乡卫生院是距县城最远的乡卫生院之一。近几年在相关部门的支持和帮助下，医院医疗设施和院舍得到了一定改善，医务人员的专业水平也有了一定的提高。自国家实施农村合作医疗以来，群众的健康意识提高了，在该乡出现了群众得病能够及时去卫生院就诊治疗的好现象。

冲乎尔乡卫生院位于该乡冲乎尔村，距离乡政府驻地不到两公里。该卫生院占地面积不大，只有3亩左右。该院的大门向北开放，大门正对门诊部。门诊部正对大门的一侧外墙表面是蓝白相间的涂料。在大门左侧的围墙上有一块水泥黑板，上面写着结核病的防治知识。在门诊部大门两侧是草地，草地当中有几棵小树。门诊部的大门前有个门廊，进入门廊可以看到大门上悬挂着几块标牌，分别写着"布尔津县新型农牧区合作医疗定点医疗机构"、"城镇职工基本医疗保险定点医疗机构"、"卫生红旗单位"、"社会治安综合治理先进单位"、"中国红十字会团体会员证"、"安全文明小区（村）社区"和"四个好乡镇站所"等。全院分为门诊部和住院部两个部门。门诊部和住院部均为砖混结构一层建筑，窗户为双层钢窗，外观具有显著的哈萨克建筑特色，即像草原上牧民的毡房。

进入门诊部大门，前方是药房，药房墙壁上开着一个小窗口，上面用哈萨克文和汉文写着"合作医疗取药处"。大门右侧是挂号的小窗口。在小窗口的上面是一块木板，木板上是"冲乎尔乡卫生院工作人员一览表"，其下贴着该卫生院工作人员的照片，照片旁边画着该卫生院的业务分布图。业务分布图显示，该院的医疗服务及于冲乎尔乡的每个行政村。最远的两个村都位于深山当中，距离该卫生院的直线距离为50公里。从该一览表可以看出，该卫生院有工作人员28名，其中副高职称1人，中级职称6人，初级职称18人，行政人员2人，工人1人；获得大专学历者21人，中专学历者5人，还有2人为高中毕业。通过询问该院的一位医生，我们得知一览表中所列的28名工作人员中还包括村医，即每个村的医生，村医当中有一部分人以前是赤脚医生，后来政府出台一项政策，这部分赤脚医生转为“吃皇粮”的正式医生，其余的医生没有“转正”，但每月从政府领取少量的补贴。全院28位工作人员，只有一位是汉族，是奇村村医宗雪莲，其余均为哈萨克族。

进入大门向右拐，可以看到左侧是值班室、信息室、妇幼室和防疫室，右侧为财务室、院长办公室、库房和药库。走廊尽头是会议室。再从大门向左拐，左侧是专家门诊、副院长办公室、化验室、B超室和留观室，右侧是门诊室、急救室、换药室、护士班和输液室，走廊尽头是住院部的门。走进住院部的门，左侧是手术预备室和手术室，沿着走廊向右走，分别看到六间病房（见图6-1）、一间治疗室和一间产房，在走廊的中间的右侧也是一个门，门外是一片杂草地，当中长着几棵小树。沿着走廊走到尽头是X光室。我们还发现卫生院的取暖设施是暖气包，说明该院有锅炉房。

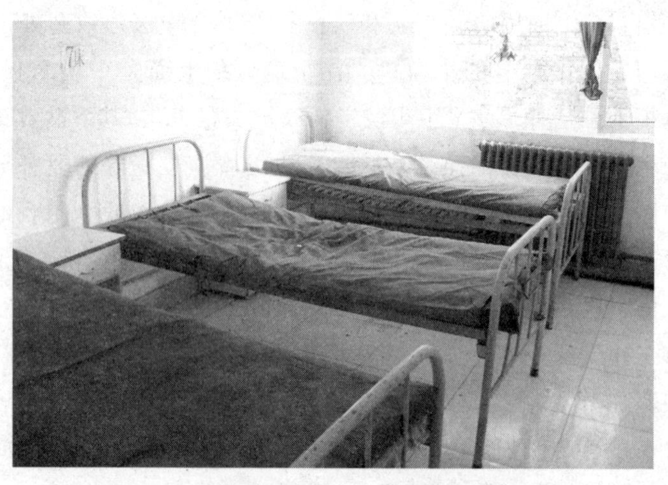

图6-1 病房内部（摄于2007年9月19日）

手术室的墙壁和地面均用白色瓷砖铺就，窗户是塑钢窗（见图6－2）。手术室中摆放着一个简易单人手术架，旁边是一架移动式无影灯，屋顶吊着两顶无影灯。病房的地面也用瓷砖铺就，但病床表面白色的油漆已经斑驳。来到护士班和门诊室，我们发现地面还是水泥地面，房内设施很简陋。

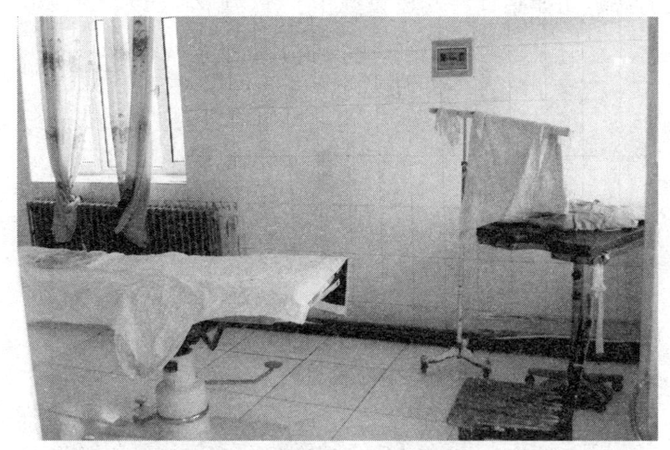

图6－2 手术室（摄于2007年9月19日）

该院的B超、心电图等设备已很陈旧，致使患者不得不到县城进行这方面的检查。这一方面使患者的病情不能在有效时间内得到治疗，另一方面也增加了农牧民群众的经济负担。

三 奇村医疗卫生状况

奇村村民的总体健康状况一般，村民反映他们看病难、看病贵，本地也缺医少药。而且，村医只许到乡卫生院提药，但乡卫生院的药很贵，而且药品不全。

奇村有一名村医，汉族，女，河南人，1955年出生，初中文化（见图 6－3）。其主要职责是一般疾病及轻微外伤的非手术治疗、妇幼保健、妇女怀孕期检查（5 次）、计划免疫等。村医懂得接生，但现在的怀孕妇女一般要到乡卫生院以上的医院分娩。她有 30 多年的村医经验，据她介绍，她有接生、上避孕环、引产和刮宫的经验，但卫生局不允许她从事这些活动。如果村民有病，她可以出医出诊。一般的病，比如感冒、发烧和拉肚子等，她都可以看。

图 6－3　村医（摄于 2007 年 9 月 14 日）

奇村卫生室位于村委会办公室内。进入村委会办公室的大门，正对着卫生室的门，门上写着“卫生室”。推开卫生室的门，右边摆着一张床，旁边立着一个输液架；左前方角落里放着一张医生办公桌，办公桌上放着几个空输液瓶；门的左边还开着一扇门，是一个套间，里面有听诊器、体温计、消毒锅和血压计等简易诊疗设备。

个案 6－1　村医访谈

本村村民的卫生习惯良好，但本地居民都饮用压井水，地下水位很浅，只要挖7～8米深就可以出水。随着经济的发展，地下水源可能遭到污染。因此，建议修建自来水设施。

本村部分村民患有本地地方病布鲁氏杆菌病、包虫病等。有部分村民患有高血压，主要为哈萨克族村民。这与哈萨克族的饮食习惯有关，因为哈萨克人平时吃肉食较多，还喝奶茶，饮食当中蔬菜较少或者没有。全村有几十人感染布鲁氏杆菌病。布鲁氏杆菌病是一种人畜共患传染病，可以通过牛、羊等牲畜传染给人，潜伏期2～3周。起病多缓慢，少数较急。在急性期，表现为发热，多为波浪热型或弛张型；多汗，中毒症状不明显。关节炎主要为游走性大关节炎、腰骶、坐骨神经炎、睾丸炎、卵巢炎，以及肝脾、淋巴结肿大常见。在慢性期，常有类似神经官能症表现，头痛、烦热、肌肉关节疼痛。可有肝脾肿大、关节畸形。布鲁氏杆菌病的传播途径有：①经皮肤粘膜直接接触感染，如接产员、贩运、兽医、饲养、放牧、皮毛加工、屠宰、挤奶人员，从事该病防治的医生、检验人员等。②经消化道感染，主要是食入被污染的水或食物，经口腔、食道粘膜进入体内。如吃生拌或未经煮熟的肉类，不洗手直接拿食物吃等。③经呼吸道感染，人吸入了被布氏杆菌污染的飞沫、尘土，如皮毛加工、饲养放牧、打扫畜圈卫生等。

村医还有计划免疫的职责，免疫工作每月都在进行，接种的疫苗为一些常见的传染病，例如骨髓灰质炎、百日破、麻疹、乙肝等。村医可以进行常见病的护理，给病人上门输液、打针、换药等。此外，还有开展世行贷款结核病控制、卫九项目妇幼子项目及“两病”子项目和降消项目等工作。村里现有两个糖尿病人，其中一个已经到晚期，另一个则双目失明。还有一个村民患风湿病和骨质增生，已经瘫痪。村民如果患重病，得到县医院看病。

现在已经实行新型农村合作医疗制度，村民每人每年交 30 元钱，国家给每位村民每年补助 50 元。乡卫生院的医疗技术低下，难度大的接生病例须到县医院进行。村里已婚育龄夫妇的避孕措施有口服避孕药、上环和戴安全套。

通过问卷调查，我们发现 100% 的被调查者都参加了农村合作医疗。对于新型农村合作医疗制度，有 40 人回答很好，很受欢迎，占 51 份有效问卷的 78.4%；有 9 人认为制度很好，但百姓不一定真正能得到实惠，占 17.6%；还有 2 人回答交的钱多，承担不了，占 3.9%。有些村民反映，如果得了大病，合作医疗能解决一部分费用，但其余费用对于农牧民而言仍是一笔非常大的费用。

第二节　教育发展情况

一　县、乡教育概况

布尔津县教育发展有着悠久的历史。早在 1934 年，全县境内就建立起 4 所新文化学校（哈萨克语小学），取消经文学校和封建教育制度。中华人民共和国成立后全县的教育事业得到进一步发展。目前全县已经拥有完整的县、乡、村三级中、小学教育。成人教育和培训工作也井然有序。该县还在 1995 年顺利通过自治区、地区高标准扫盲验收（非文盲率达到 99.7%）。目前，布尔津县共有各级各类学校 37 所（中等职业技术学校 1 所、高级中学 1 所、初级中学 9 所、小学 26 所），在校生 11300 余人，其中中等职业技术学校 51 人，高中 1100 余人，初中 3000 余人，小学 5800 余人。教职工 1100 余人，其中专任教师 978 人，小学、初中、高中教师学历合格率分别达 100%、99.7%、83.3%。

冲乎尔乡有九年一贯制学校两所，一所为哈萨克语授课学校，另一所为汉语授课学校；三所小学，一小在空吐汗村，二小在 2817 村（江安吉尔村），三小在布拉乃村。

全乡共有初中在校生 592 人，小学在校生 1154 人，其中汉族学生 84 人，其余均为少数民族学生，主要有哈萨克族、维吾尔族、回族、东乡族、藏族、塔塔尔族和蒙古族等民族。全乡共有中小学教师 86 人，其中初中教师 47 人，小学教师 39 人。

两所初中的教学楼均为楼房，都是国家义务教育工程项目。该乡第一初级中学是牧民子弟寄宿学校，简称牧寄校。该校为九年一贯制学校，有宿舍和食堂，小学教师 28 人，初中教师 30 人。2006 年以前，该校的取暖设施为土炉和土火墙，2006 年换装了小型锅炉设备、暖气管道和暖气包。国家为学校按 300 元/班/年的标准拨取暖费。

冲乎尔乡第一初级中学的汉语教师以前由少数民族教师担任，从 2007 年开始招收汉族汉语教师，但不占教师编制，相当于普通工人，工资每人每月 500 元，由学校缴纳“三金”。其他课程均由少数民族教师教授。该校没有开设英语课，音乐课、体育课和美术课都开设。该校有实验室，有电脑，有专门的计算机老师。

冲乎尔乡第二初级中学有小学在校生 339 人，初中在校生 155 人，教师 44 人，老师全部为汉族和回族。该中学有

84 名汉族学生，其余均为少数民族。这里叙述的教师数量是在编人数，实际上有些老师被借调到外单位，导致有些科目的教学无法正常开展。

音乐、美术、体育、英语，还有主课化学、数学，都没有专业教师。有一个教化学的老师，因为人员匮乏，只能同时带着初二、初三所有班级的化学课，工作量太大。名义上学校开设有电脑课，但据学生家长反映，电脑课实际上都没有完完整整上过，因为开电脑课只是为了应付上级检查。英语课稍好一些，有两个老师，英语专业毕业。牧寄校和第二初级中学都有实验室、多媒体教室。配备的设施还可以，但就是缺乏上课的老师。

硬件设备有了，但缺乏合格的教师，影响到该乡教育事业的发展。该乡地处较偏远，以前一到冬天，通往外界的道路就被大雪封住，与外界的交通极其困难。现在随着喀纳斯旅游资源的开发，这种情况不复存在，但还是缺人。

村里都有自己的学校，教师是专职的。村里学校因为主要是小学，基本不缺老师，但缺乏教具、书籍，多少年前的书还在使用。书本出现严重老、旧、少的现象。村里学校的校舍总体上还可以，一小的校舍是由一个台湾人投资 100 多万元建设的，三小校舍由日本人投资建设。

个案 6 – 2

冲乎尔乡第一小学，位于冲乎尔乡喀纳斯公路旁，占地总面积 13340 平方米，建筑面积 624 平方米，其中办公房面积 110 平方米，学生宿舍面积 240 平方米，学生沐浴室 120 平方米，学生餐厅 290 平方米。近几年学校不断进行了绿化、美化、硬化、净化建设，师生们环保意识日益增强，校内绿化面积逐年上升。绿化面积从2004年的430平方米增至2006年的660平方米，蔬菜种植面积从2004年的900平方米增至2006年的1332平方米，各种树木从2004年的315棵增至2006年的12000棵。

该校现有在职教职工28名，13个教学班，在校生294名，设党支部1个，党员11名。

该校始建于1937年9月，当时名为曙光小学，学生35名。1948年校名改为星光小学，班级数为3个，学生52名。2001年利用世界银行贷款，修建砖混结构校舍，可容纳6个班级，1个办公室，工程投资总额为32.4万元。

2003年来自台湾的一位博士出资157万元，为该校修建了现代化的校舍。2004年9月学校的工程竣工，教室内的课桌椅，宿舍、餐厅内的各种餐具、床铺等一切设施都由布尔津县政府出资统一配备。学校因此有条件从普通小学变为寄宿制小学。与此同时，乡政府在全乡推行集中教学，附近学校的师生也并入本校。因此，该校的学生人数大增，对在编教职工的需求也由原来的20名增加到34名。

2005～2006年由于住宿生人数的增加，学校聘用了1名锅炉工、2名保育员和2名厨师为住宿生服务。

二　奇村教育状况

奇村村民中受过教育的以小学和初中居多，有个别人读过高中、中专或者大专，还有少数人是文盲或者半文盲。对于村民的受教育状况，我们随机抽取了51位村民作为调查对象。通过问卷，我们发现，51位村民中，6位是文盲或者半文盲，占11.8%；10位读过小学，占19.6%；29位上过初中，占56.9%；2位受过高中教育，占3.9%；2位上过中专，占 3.9%；1 位读过大专，占 1.96%。由此我们判断，该村村民中，文化程度以初中居多，大约有一半的村民具有初中文化水平。相对于该乡其他村子，这样的文化水平是较高的，有利于推广农牧业生产新知识和新技术。这也是该村村民较其他村子的村民富裕的原因之一。

从该村调研情况看，该村的各族村民大部分可以用汉语交谈，看懂常用的汉字。该村的哈萨克族村民都表示愿意让自己的孩子上汉语学校，学汉语。我们在该村发现，该村的通知、公告都以汉语发布，而且村党支部和村委会的工作语言都是汉语。村支书和村委会主任在与各族村民交流时都使用汉语。

对于奇村的学龄儿童入学率，我们未能得到具体的数字，但是根据村民和村委会主任的介绍，除了失能儿童外，学龄儿童都可以入学。村民们都比较重视孩子的教育，认为接受好的教育能为孩子的以后打下良好的基础。在冲乎尔乡政府，我们得知该乡全乡的学龄儿童入学率为 100%，但不包括失能儿童；该乡残疾儿童的入学率也达到了 100%。奇村离该乡第一初级中学和第二初级中学都很近，所以奇村的孩子上小学和初中都较方便，可以实现就近入学。但升入高中的学生需要到县高级中学就读，在学校住宿。由于奇村是一个多民族聚居村，语言、文化呈现多样化。因此，不同家庭和民族背景的孩子可以选择在乡第一初级中学或者第二初级中学就读。

三　冲乎尔乡第一初级中学

冲乎尔乡第一初级中学为九年一贯制学校，位于乡政府以北一公里处。学校大门面向正西方向，与公路相切，

对面一侧商铺林立。一进校门，首先映入眼帘的是宽阔的操场（见图6－4）。操场与标准足球场一般大，南北两侧树

图6－4　冲乎尔乡第一中学操场（摄于2007年9月16日）

立着两个球门。大门右侧紧挨着的是门卫室。在操场上是自然生长的小草，一片一片的，显得不很整齐，有些已经枯黄。操场周围是白杨树林带，树木的长势很自然，很高，显然没有经过修剪。在操场的东侧是两个篮球场，从篮球架的外观可以看出，它们的使用年限已经很长了。正对校门的是该校的旧教学楼，在校门通向旧教学楼的道路两旁种植有松树、榆树等。沿着这条道路向前走，首先到达的是学校的新教学楼，位于道路右旁，距离大门约30米。在道路与新教学楼之间的林带中是自然生长的小草，林带中松树长势茂盛，在树木中间稀疏点缀着用水泥雕砌的仙鹤、小石等。再向前走15米左右是该校的旧教学楼，楼面上写着“教育要面向现代化、面向世界、面向未来”。门是木门，窗户是双层钢窗。旧教学楼大门上悬挂着一排标牌，分别是“卫生红旗单位”、“自治区级绿色学校”、“文明单位”、“农村中小学现代远程教育工程阿勒泰地区项目学校”

等。最后一个标牌显示，旧教学楼是“世界银行贷款贫困和少数民族地区基础教育发展项目”，竣工于1997年10月，造价70.9万元。

图6-5 冲乎尔乡第一中学餐厅
（摄于2007年9月16日）

旧教学楼北侧与之对齐的是该校新建好的食堂（见图6-5），食堂的屋顶上立着“明德小学”四个大字。在食堂的东侧是两栋学生宿舍，南北方向一字排开。走进食堂，感觉宽敞明亮，墙面洁白，干干净净。地面是瓷砖，圆形餐桌整体地排成两排。后堂和餐厅分开。在餐厅的一侧摆放有消毒柜和保温桶。在餐厅的左侧是一个洗手池，安装着自来水管。再走进学生宿舍（见图6-6），每间学生宿舍排放有4~5套

图6-6 学生宿舍（摄于2007年9月16日）

高低铺和一张可坐四人的连体桌凳。宿舍内的取暖设施是暖气包。在宿舍和食堂之间是两块草地，但不是人工草地，里面稀疏地生长着几棵小树。在草地当中树立着小木牌，上面用汉文和哈萨克文写着“爱护花草从每人做起”。

该校是国家级绿色学校，其前身是冲乎尔乡中心学校。学校共有27个教学班（小学14个班，初中13个班）。在校学生809人，其中小学生381人，初中生428人。学生由哈萨克族、维吾尔族、回族、蒙古族、塔塔尔族、俄罗斯族、汉族7个民族组成。其中住校生为112名（男生55人，女生57人），学校有3名服务员专门负责他们的生活和学习。有教职工74人，其中本科学历7人，大专学历47人，中专学历20人，还有8名工人。

学校有中学高级教师5名，中学一级教师10名，中学二级教师15名，小学高级教师10名，小学一级教师16名，小学二级教师2名，未评职称的有8名教师，教职工学历达到了上级的要求。校党支部有25名中共党员，团支部有65名共青团员，有345名少先队员。有6个教研组，财务室、教务室、政教室、工会活动室各1个。

校园总占地面积26700平方米，绿化面积5821平方米，硬化面积2465平方米。教学楼2幢，还有两排教室，建筑面积为4255.4平方米。有学生宿舍2幢，学生食堂1幢。该校有理、化、生实验室各1间，有标准化的图书室、汉语语音室、现代远程教育室、多媒体教学室，还有2间电脑机房。拥有160亩自留地，2匹马，210只小畜。

该校的新教学楼属于国家贫困地区义务教育工程项目，建筑面积1404平方米，内有6个教学班，8个办公室，1间工会活动室，1间图书室，1间阅览室，1间多媒体教学室，

2间电脑机房，1间远程教育室，1个语音室。1间教室能容纳30名学生。旧教学楼属于世界银行贷款贫困地区与少数民族基础教育发展工程项目，建筑面积1274.6平方米，内有9个教学班，8个办公室，2个实验室。1间教室能容纳25名学生。两排平房教室内有8个教学班。有专门的音美活动室，根据学生的实际，开展丰富多彩的活动，从而丰富了学生的生活。

学校食堂承包给管理员，住校学生的生活有了保障，学生每天有四顿饭的保障，管理员与厨师之间账目清楚，每周按食谱定量供应伙食。住宿生有3名保育员负责管理与服务。该校有供暖设备，由3名专职工作人员负责运行与维护。为教师和学生开设了澡堂。在安全方面，学校安排工作人员24小时轮流值班，保证学生的安全。学生的一切费用按照上级教育主管部门的规定收取，实行校务公开。

个案6－3

冲乎尔乡第一初级中学现任校长米迪提，男，哈萨克族，生于1965年12月3日，系布尔津县冲乎尔乡人。1990年9月参加工作，1998年毕业于新疆广播电视大学阿勒泰地区分校，大专学历。2000年9月至2003年7月在冲乎尔乡牧业寄宿制中学任工会主席与教学点负责人。2003年9月至2006年9月在冲乎尔乡第一寄宿制小学任校长等职务。2006年9月在冲乎尔乡第一初级中学任校长至今，中学一级教师，教龄17年。

四　冲乎尔乡第二初级中学

冲乎尔乡第二初级中学是一所九年一贯制学校，其前身是冲乎尔乡汉族中学，建于1953年，2002年更名为冲乎尔乡第二初级中学。该校位于冲乎尔乡奇村，距离乡政府驻地两公里。学校的大门面向东，一进大门首先看到的是一块草坪，草坪中有几棵树。大门的右侧是学生的自行车棚。草坪正对大门的边缘摆放着两个大花盆，中间摆着一些小花盆。两个大花盆中间向草坪延伸两米处立着一尊石膏塑像（见图6－7），一对少年学子昂首挺胸，手持篮球和书本，高举左手远眺。塑像的下面是一个1.5米高的方形大理石底座，上面书写着“精心育才，敬业求实”八个大字。

图6－7　石膏雕像（摄于2007年9月13日）

在草坪的南侧是该校的实验楼，两层建筑（见图6－8），墙面上书写着“严谨治学，开拓进取”。实验楼的外墙上悬挂着一个标牌。从标牌可以看出，该实验楼是国家贫困地区义务教育工程项目，竣工时间为1998年11月，工程造价为86.3万元。草坪西侧正对大门的是该校的教学楼，楼面上写着“德才兼备，全面发展”，在这八个字中间画着一双手捧着一颗幼苗。走进教学楼，来到其中一间教室，我们发现桌椅非常破旧。教室内四周墙壁上的苹果绿油漆很多已经脱落，露出了白色的墙面。在草坪的北侧是一栋土木结构的平房，一些窗户玻璃已经没有，屋顶上长着一些野草，这应该是废弃的教室。

图 6-8　实验楼（摄于 2007 年 9 月 13 日）

校园中的道路已经硬化，实验楼和教学楼前都是硬化的地面。在教学楼的南侧是两栋平行的平房，前面一栋是该校的活动室，进去感到很宽敞，水泥地面上面摆放了两排餐桌，屋顶有白色的吊顶，窗户是双层钢窗。后面一栋陆陆续续有小朋友进出，看起来像学前班的学生。我们走进去一看，先是一间学生宿舍，还套着一间房子，套间的门牌上写着“幼儿园”（见图 6-9）。从套间的门向里看去，有几张课桌，课桌旁边的地面上铺着一张大地毯，几个小孩正坐在上面，旁边放着书本和幼儿玩具。在右角处放着一张桌子，上面是一台电视。窗台下安装着暖气包。在房间墙壁上贴着一张纸，列明了幼儿园每月的收费项目：

管理费30元，伙食费70元（中午在校吃饭的幼儿），保险费40元，保育费30元（中午不回家的幼儿），书费暂不收取。从幼儿寝室出来，我们来到隔壁房间，发现这是个锅炉房，是专为这栋平房供暖用的，锅炉是自制的土锅炉，热水的流动依靠的是自然循环。而在实验楼和平房之间是该校的锅炉房，冬天专门为该校的教学楼和实验楼供暖。

图6－9　幼儿园（摄于2007年9月13日）

在教学楼的南侧还有一条水泥小道向内延伸，顺着小道往前走，我们来到了一栋砖混结构的房屋前，敲门进去，发现这是教师宿舍，三四人住一间，该校校长李涛阳就住在其中的一间。宿舍内没有卫生间，没有自来水管道和下水道。没有暖气包，但有火炉和铁皮火墙。

在教学楼北侧是学校的篮球场，只有一对篮球架，已经非常破旧，可以看出是补了又补，木板之间的裂缝很大，水泥地面的有些部位已经塌陷裂开。篮球场西侧有一条水泥小道通向厕所，厕所是砖混结构的旱厕。当时气温较高，有臭味从厕所飘出。

学校的操场在学校大门对面，与校园隔着一条马路。操场上长着细小的藤状植物，紧贴地面。有些地方裸露着土壤和沙石。操场当中停放着一台小四轮拖拉机，旁边铺着两张很大的塑料单，上面晾晒着收获不久的打瓜子。

个案6-4 第二初级中学校长李涛阳访谈

学校占地面积38亩，有20个教学班。该校为汉语授课学校，完全实行汉语授课，学生中包括汉族、回族、壮族、东乡族等母语为汉语的学生。从学前班到九年级一共有640多名学生，哈萨克族学生占全校学生总数的60%，而且这一比例近年来还有不断升高的趋势。2007年一年级招收的100多个学生中，说汉语的学生只有15个。这与该乡居民中的哈萨克族人口比例高有关，该乡80%以上居民为哈萨克族。

该校课程采用完全汉语授课，因此也就没有民族语言教师。少数民族教师中有3位回族，学校后勤工人队伍中有一位转业军人，是哈萨克族。全校在编老师44人，但按照现在的班额来说，应该是55人，因此教师严重缺编。该校教师的职称基本上小学老师从小教二级到小教高级各占1/3，中学高级教师有4人，中学一级教师有6人。学历全部是大专及以上。学校老师有很多都不是本地的，有18～19位老师在校住宿，教师队伍流动性很大，留不住人。以前还依靠国家分配，把师范院校一些毕业生分配过来。但近些年国家不再为大中专毕业生分配工作，布尔津县就采取招干考试的办法，招来一些人。但这些招来的人其实都是不稳定的。他们家大多在外地，一般刚刚熟悉这里的工作环境后就调走了。一般成家或有更好发展机会的，都会走。

从 2006 年 9 月到 2007 年 9 月，已经有 9 位老师调走。

学校里一年级和二年级各有 3 个平行班，其余年级都是 2 个平行班，没有实验班。幼儿园是 3 个班。现在随着情况变化，一年级已经变成三个平行班了，超过了该校的原有规划。起初，二中的学前班规模不大。很多牧民的孩子来这里要求上一年级，但学校认为这些孩子没有上学前班，汉语可能跟不上，会听不懂老师授课。所以，学前班人数增长很快，并逐渐形成了先上学前班再上一年级的良性循环。以前的学前班教育开始逐步向幼儿教育转化，侧重智力开发和游戏教学法。

近年来，布尔津县针对初中及高中学生推行教育资源集中使用，建议和鼓励家庭条件好一些的，学习成绩好一些的，转到县里寄宿读书。2007 年该校初中部大约有 30 多个孩子因此去县城初级中学寄宿读书。国家政策也鼓励家庭条件好、学习成绩好一些的孩子能享受好一点儿的教育。这种做法既减轻了学校师资不足的压力，也扩大了县城学校的办学规模。县城学校实行的是民汉双语教学。

该校实行双语教学还存在较大的困难。首先是师资上问题严重。乡一小和乡一中（牧寄校）曾在 2007 年都计划在一至三年级搞双语班，但缺少汉语老师，就向该校要老师，但该校自己的老师也不够用。而在乡一小和乡一中，35 岁以上的民族语言教师，汉语言表达能力都不是很好。据校长李涛阳介绍，该校可能于 2008 年 9 月也要实行民汉合校了。因为民语教学里急需汉语老师，用汉语授课。一旦民汉合校，孩子们学汉语的问题就好解决了。

在二中就读的大多是冲乡政府机关、教师和哈萨克商人的孩子。一中学生大多是牧业定居牧民的孩子。从现在发展趋势看，二中接受汉语授课的学生越来越多，而接受哈萨克语授课的学生数量在逐渐减少。很多家长认为，一中搞双语教学，主要由那些受过短期培训的哈萨克族老师授课，但这些老师的汉语水平不高，意思表达的不准确。

2007年秋季开学后，有很多在哈萨克语授课学校读书到三年级的学生要求到二中来读一年级。这违反了义务教育法。后来该校要求根据这些学生目前的年级进行考试，考试过关的就跟着三年级，考试不过的先上二年级。

学校规定，要从一年级开始一直有英语教学。但由于师资力量有限，达不到这个目标，目前只能为三年级到九年级的学生开设英语课程。授课教师也是英语专业毕业的专科老师。学校有计算机室和化学、物理、生物、自然课的实验室。音乐、体育和美术课程设施都有，但没有一位专业老师，这3门课的授课都由其他课的老师兼职完成。

从2007年的情况看，该校的化学、数学老师都缺乏。主要依靠石河子大学、新疆师范大学的毕业生支教活动解决。2007年来了10位老师。如果没有这些支教学生，该校很多课程无法开展。每学期开学该校领导都在盼望这些支教老师的到来。每年9月份来支教的是新疆师范大学的毕业生，3月份来的是石河子大学的毕业生。

虽然说这些支教老师的到来解决了该校授课的燃眉之急，但这种频繁变动老师的现象对孩子们并不好，尤其是小学的班主任对孩子们一生的学习热情影响很大。支教的好处是解决了学校师资力量短缺的困境，而且这些大学毕业生也带来很多新的东西。但缺点也存在，如果哪个支教学生不负责任，而学校把一个班给他，那这个学期这个班就毁了。在责任感问题上，从这些支教者一来学校就开会强调，一定要用负责任的态度对待孩子。支教最长的也就一个学期，全部是汉语老师。没有支教学生表示愿意留下来在这里任教。

学校的教学楼和试验楼分别是1994年和1998年建成的。由于不是寄宿学校，所以没有宿舍和食堂。学校现在有一个活动室。学前班学生吃饭要有加餐，所以学校在活动室里放了一些餐桌。孩子们加餐的时候在活动室吃饭，该校一些住宿的老师也在这里吃饭。牧民孩子如果上学，得自己想办法解决住宿问题。为解决这个日益迫切的问题，学校争取了一个200万元的项目，计划2008年把位于校门附近的那排旧房子拆除，建一栋楼房，上面是宿舍，下面是大餐厅。

学校曾经自筹经费购买了15台电脑，2005年有一个国家项目为学校配备了17台电脑。该校还配备了远程教育设施模式二，可以接收远程教育课程。此外，该校配备了多媒体教学的教师和教室。学校现在有暖气了，2006年县政府给窝依莫克乡、阔斯托克乡和冲乎尔乡的两所学校配备了四台锅炉。采暖费按面积，国家全额拨款。取暖用煤由乡政府进行集中采购。学校烧煤基本全额保证，不存在冬天师生挨冻的问题。但在以前煤炭费不到账孩子们就得受冻。学校以前用过自来水，但后来乡里的自来水工程停用，学校的水也停了。现在学校的用水靠自己挖水井，用水泵抽出地面。

乡政府给学校分配有8亩耕地，但没什么作用。原本计划当做学生用的劳动基地，但距离学校太远，学校就按每年1000元/亩的价格承包出去了。学校又在校园附近用2年的时间开垦了3亩荒地，种植玉米和土豆，又承包了2亩土地种植树苗，用于改善教师的条件，但收入甚微。

学校的门卫是该校的在职老师。她家不在这里，就带着孩子单独住在门口的房子里，顺便给看门，每个月学校给予一定补助。该校校长介绍说，冲乎尔乡的安全状况很好，安排一名女老师当门卫也可以放心。学校没有专职保洁员。校园卫生由学生自己完成，任务分配到班级。食堂也承包，不占国家编制。这种不占国家编制由学校专门请来的一共有3人。这里的厨师是个哈萨克族女孩子。

在校学生要缴纳保险费，小学生每人每年缴纳130元，初中生每人每年缴纳160元。学校四年级以上的学生每年都在搞勤工俭学，因此每年给学校带来2万~3万元的收入，用于学校的基本建设和文化建设。2006年，学校向有关部门申请8万元资金，用于硬化校园路面和操场。

为推动新疆本地基础教育的发展，按照党中央、国务院的要求，从2000年开始新疆在内地一些发达城市陆续开办了内地新疆高中班。我们就这个问题对奇村的村民进行了问卷调查。大部分人对孩子上内地高中班有很高的兴趣，希望自己的孩子能在内地高中班上学，但也有一部分人未对该问题做出回答，如表6-1所示。

表6-1 “您是否希望自己的孩子考上内地高中班?”问卷调查统计

	回答人数（人）	所占比例（%）
同　意	30	58.8
说不清	4	7.8
合　计	34	66.7
未　答	17	33.3
总　计	51	100.0

在乡第二初级中学调研期间，碰到一位学生家长，她也是该乡的教育管理工作人员。我们对她进行了访谈，了解到该校存在的一些问题。

个案6－5　某学生家长访谈

本乡学校语文和数学的教学力量最强，音乐、体育和美术教师严重缺乏，很多课缺乏专业教师教学，学生无法完成全面学习和发展。学校管理跟不上，表面看还可以，但实际上存在的问题很多。

冲乎尔乡教育面临最大的问题是师资，这里留不住人。有一点儿特长的人都走了，也有被其他部门和单位挖走的。第二中学今年（2007年）没有专职化学老师，化学课由其他任课老师代授。该校美术老师被借调到布尔津县少年宫工作。其他课的老师也都人心不稳，因为乡中学老师认为自己的待遇很差，在编老师都没有住房。

学生家长感到政府每年对教育投入不少，但都不知道这些钱最后花在什么地方了，该更新的实验器材、图书、教材等都等着换，但钱却没了。

第二中学的学生还在搞勤工俭学，学生家长也搞不清国家的政策是怎样的，认为这里的学校实际上是在变相收钱。每学年的第一学期，学校都要放假一周，让学生勤工俭学，一周后学生返校，每人缴纳一定数额的勤工俭学收入，2006年是90元，2007年增加为100元。小学和初中都有。虽然给上面反映了情况，但教育局回答是学生该参加劳动，而且这些钱都交给学校了。

2007年，学校安排老师带领学生进行勤工俭学劳动。但是，冲乎尔乡是山间盆地区，有些地方地形危险，而且距离学校和学生家都很远。这样，学生的勤工俭学活动就有安全隐患。曾经有一个孩子从山上摔下，当场死亡。此外，还有学生在去劳动的路上骑自行车发生车祸。有些家长就不同意这种勤工俭学的做法。

辍学现象较严重。国家实施九年义务教育，基本不收费了，但学校收取的电脑课和教辅费用每人为100~200元，有些学生不愿意缴纳。初中学生辍学现象严重，以少数民族学生居多。学校老师都在做工作，要求辍学学生返校学习，国家也不允许辍学，家长也同意孩子上学，但仍有很多学生不愿意上学。教学质量差也是影响孩子辍学的一个原因，有的孩子只能考出几十分，孩子对学习没兴趣。学生的英语考试成绩很低，平均分在20~30分之间，反映出学校的英语课教学效果非常差。有些农牧民把孩子送到条件较好的学校去上学。

从2006年开始，两所初中开始有实习师范大学生支教（主要在初中）。每学年由新疆师范大学和石河子大学的毕业大学生各支教一个学期。我认为，应该让大学生带那些没有老师带的科目。但是，支教大学生来了以后，有些老师让他们带自己的课，自己则空闲起来，这种情况校领导尤其严重。第二中学每学期有10位支教大学生，学校没有有效地利用这些支教大学生。

第三节　社会保障和社会救助

近几年来，布尔津县建立了统筹协调就业、社会保险、社会救助等全方位、多层次的社会保障制度，逐步形成了“劳有岗、老有养、病有医、失有补”的复合型社会保障体系，为全县的经济建设提供了保障。

布尔津县自2007年7月1日启动农村最低生活保障制度，通过认真调查摸底，将疾病、求学、意外事故和自然灾害等原因致贫的农村家庭纳入低保范畴。截至目前，享受农村最低生活保障金制度的农牧民4140人全部领到低保金，全县共计发放保障金50.67万元。

县有关部门积极发展残疾人事业。他们充分利用各类媒体，以“全国助残日”、“爱眼日”等宣传活动日为契机，大力宣传《残疾人就业条例》和《自治区残疾人就业保障金征收管理暂行办法》，积极开展“爱心助残”募捐活动。为给残疾人出行提供方便，该县投入资金完善无障碍设施建设。累计投入30余万元，在县城中区和郊区进行新建、扩建和改建道路的人行道上设置行进盲道和提示盲道约4.4公里，设置率达96%。此外，该县还积极落实帮扶工作，将全县符合条件的残疾困难户全部纳入低保。目前，已有268人享受低保政策，在牧民定居、抗震安居工程等方面投入资金共计65万元，为25户贫困残疾人危房改造25栋砖木结构新居，受益残疾人32人。他们还积极组织有就业能力的残疾人参加电脑、糕点制作等就业技能培训，为残疾人就业创造条件，努力帮助残疾人就业。截至目前，共安排残疾人就业23名，为40名农村残疾人进行了实用技术培训。

在社会救助方面，该县修改和完善了《布尔津县自然灾害救助应急预案》，成立突发性自然灾害应急指挥部。对防灾、减灾、救灾工作进行提前部署，全面落实备灾措施，落实到位救灾配套资金10万元。2007年以来，该县在面对农牧区不同程度遭受干旱、大风等自然灾害的情况下，及时安排救灾资金 40 万元和救灾物品，认真落实困难群众生活救济、走访慰问等工作方案，投入 4000 元对城镇低保户的房屋进行了维护和修缮。在城镇各社区设立社会捐赠接收站点，配备专人接收、管理和用好社会各界捐赠款物。2008 年以来，全县共接收社会各界向四川地震灾区捐款 73.85 万元，为乌恰县地震灾区捐款 4.2 万元，救灾衣物 1758 件；发放扶贫帮困资金 9.55 万元救助困难群众 73 人次；同时在各族干部群众中募集资金 14 万余元，用于“救助工程”，共救助贫困受灾群众和弱势群体 918 户，计 3000 余人次。

在问“您的家庭是否享受过政府社会保障方面的政策时”，39 人回答“享受过”，占 51 份有效问卷的 76.5%；有 12 人回答“没有”，占 23.5%。在问享受过哪方面的保障时，2 人回答“扶贫资助”，占 4.8%；4 人回答享受过“救灾资助”，占 7.3%；41 人回答享受过“合作医疗”，占 74.5%；6 人回答享受过“教育费用减免”，占 10.9%；1 人回答享受过“抗震房补贴”，占 1.8%。

关于保险，28 人回答家中办过保险，占 51 份有效问卷的 54.9%；23 人回答家里没有办过保险，占 45.1%。接着，我们又对办理过的险种进行了调查。在问卷中，我们设置的险种有养老保险、医疗保险、种植业灾害保险、养殖业灾害保险、交通工具保险、家庭财产保险和其他保险。在办理过保险的 28 人中，有 10 人办理了两种保险。其中，参加种植业灾害保险和养殖业灾害保险的人数均为零，如表 6－2 所示。

表 6－2　办理保险人员统计分析

办理过的险种	参保人数（人）	比例（%）（基数 51）
养老保险	9	17.6
医疗保险	7	13.7
种植业灾害保险	0	0
养殖业灾害保险	0	0
交通工具保险	6	11.8
家庭财产保险	2	3.9
其他保险	14	27.5

在调查 2006 年的家庭保险费缴纳数额时，我们一共得到 27 份有效问卷，具体缴费数额及人数如表 6－3 所示。

表 6－3　保险费缴纳情况统计

2006 年您家共缴纳保险费多少元	人数（人）	2006 年您家共缴纳保险费多少元	人数（人）
40	1	1700	1
43	2	1860	1
80	1	2000	1
150	1	2010	1
200	3	2300	1
950	1	3000	1
980	1	4000	2
1180	1	6000	1
1200	1	7000	1
1320	1	10000	2
1341	1		
1500	1	总计	27

第四节 科技发展

一 全县科技推广概况

“科技兴布”的经济发展战略为布尔津县经济增长奠定了基础。

为了具体执行“科技兴布”战略，布尔津县实施了“科技兴牧”、“科技兴农”和“科技兴工”三大计划。在“科技兴牧”方面，布尔津县开展了本地褐牛的品种改良工作，与新疆畜牧科学院合作推广牛胚胎移植改良技术。为发展城郊养殖业，启动了奶（肉）牛养殖项目区建设。在“科技兴农”方面，一是对全县30万亩耕地进行了养分测试工作。通过该项工作，使全县农民降本增收69.7万元；二是实施机械深施化肥技术，实现节肥增产的目标；三是建成投产了大豆深加工企业。在“科技兴工”方面，布尔津县重点支持重点科技型企业的发展，促进企业技术创新和新产品开发，提高产品质量。

在改变落后的传统农牧业生产方式、提高农牧民生活水平方面，科技发挥了巨大的推动作用，有关部门充分利用“科技活动周”、“世界知识产权日”、“科技之冬”、“科技之夏”、“科技下乡”、“科技兴新素质工程”活动向农牧民推广实用技术，通过了解农牧民的需求，广泛推广暖棚暖圈、三贮一化、冬羔生产、大豆病虫害防治等各种实用技术，使农牧民的收入呈现逐年上升的趋势。人工授精、冻精配种、圈养育肥、牲畜品种改良、长草短喂、短草槽喂等试验推广极大地激发了广大农牧民发展畜牧业生产的积极性，有力地促进了布尔津县畜牧业的发展。

科技提高了农牧民的科技素质，培养和造就了一大批农牧民技术人才。2007 年全县科技普及率达到 90%。各类科技培训提高了农牧民的科技素质和科学文化素质。村级文体活动中心也成为传授致富经验的场所。同时，培育农村经纪人 260 名。

此外，布尔津县还开展“科技特派员行动”，向农牧区下派科技特派员，通过发放技术资料、播放实用技术光盘和科普电影等形式推广新品种和新技术。2007 年，布尔津县下派科技特派员 22 人，分别在农业、畜牧业和特色养殖、种植业方面发挥了技术带头人的作用。2007 年，该县科技特派员服务范围内的农民人均收入达 4300 元。

同时，实施科技下乡活动，并在送科技下乡的过程中积极为农村科技示范户免费征订《新疆科技报》、《阿勒泰报》等报刊，拓宽了农村科技知识和科技信息的传播渠道，增强了农牧民的科技致富能力，也起到了免费为农牧民送信息、送政策的作用。

二　奇村农牧科技推广状况

奇村的农牧民科技培训具备一定的条件。该村配备了农牧民远程教育设备，还有乡农牧民文化技术学校教学点。村里还成立了农牧民文化技术培训领导小组，由村委会主任任组长，村党支部书记担任农牧民文化技术学校校长，并定期聘请了两名专业技术人员担任该村农牧民文化技术学校的教师，对培训工作进行了明确的分工，将工作细化到每个人。村里先后为农牧民文化技术学校投资，配置了书架、档案柜、VCD 放映机、电视等教学器材，并提供图书阅览室作为专门的教室，方便农牧民看书，使农牧民文化技术学校的各项硬件设施得以保障。

奇村还建立起长期有效的培训机制，建立健全了《农牧民文化技术学校培训制度》、《农牧民文化技术学校教师职责》等一系列规章制度，制订了培训计划，明确了培训纪律。奇村还定期开展阶段性测试，通过口试、实际操作、提问等方式，加强对农牧民培训效果的掌握，对年龄偏大、培训效果不明显、进步不快的农牧民组织专人进行辅导培训，保证每个培训学员不掉队。

我们在奇村村委会办公室看到了农牧民文化技术学校的课时安排，内容如下：

（一）语文与应用	20 个学时
（二）实用数学	12 个学时
（三）家庭生活与技能	20 个学时
（四）实用科技——种植业	96 个学时
（五）实用科技——养殖业	52 个学时
（六）常见病虫害防治	28 个学时
（七）农副产品加工	12 个学时
（八）其他	16 个学时

在奇村每天都有人来找远程站点管理员。从 2007 年开始，该乡转变教学模式，各接收站点为最大限度地满足农牧民的“学用”需求，将近期的远程教育节目制成“菜单”，党员干部群众可根据自身需要“点菜”，村操作员根据“点菜”情况进行分类登记，安排适时播放，由给群众“送菜”变成请群众“点菜”，农牧民需要什么，操作员就

送什么。如果有需要，操作员还会单独给前来咨询的农牧民“开个小灶”，从互联网上专门下载些他们需要的东西。该村一村民看到别人种植了打瓜走向了致富道路，于是今年（2007年）自己也试种了10亩地，但打瓜病虫害防治一直是他的一块心病。他就向党支部提出需要些打瓜病虫害预防的有关知识，村远程站点管理员不仅为他下载了打瓜病虫害预防的知识，还下载了现代种植技术的课件。一位村民说：“咱农民学技术，也用上电脑了，有了远程教育，我们增收致富就有了技术靠山！”2007年，乡里新建60座蔬菜大棚，从来没有种植过蔬菜大棚的农牧民心里没底，该乡党委了解情况后，着手组织乡远程办依托远程教育网络资源下载刻录了蔬菜大棚种植技术光碟，给广大农牧民借阅。有了技术，就像吃了定心丸。现如今，农牧民踊跃报名承包蔬菜大棚。

在奇村农牧民科技培训方面，奇村团支部大力组织培训活动，积极培训本村青年农牧民，举办科技推广项目和乡村青年文化节。在科技致富方面，推行“学一传十”，即要求团员学习一门使用技术，负责转播给10个青年农牧民。在党团共建方面，实行“协一助一”，即要求一名团员协助一名党员共同联系一户贫困户，使其脱贫。通过举办团干部培训班，在抓好理论学习的同时加强科技知识、市场经济的培训，重点进行种植、养殖等新技术培训，要求每个农牧民团员青年掌握1~2门实用技术，逐步建设一支能适应市场经济发展需求、能团结带领群众脱贫致富奔小康的农村青年队伍。目前，全村已有85%以上的团员青年掌握了一门以上的农牧业生产技术。

2008年3月4日，在奇村“科技之冬”培训中，来自地区的高级农艺师根据该村实际和农牧民需求，进行“菜单式”培训，讲授了小麦、打瓜种植技术，专家们临时受群众邀请讲授了常见病虫害防治方法，极大地调动了参训农牧民的听课兴趣，农牧民纷纷要求专家能够常来，最好能进行田间指导，在短短1天的培训中，培训村民286人。

通过问卷调查，我们发现有14人参加过技术培训，占49份有效问卷的28.6%；35人没有参加过技术培训，占71.4%。关于何种技术培训，我们也做了调查，有37份未做回答，占51份问卷的72.5%；有效问卷14份，占51份问卷的27.5%，其中7人回答“参加过农牧业生产技术”，另有7人回答“参加过其他技术培训”，各占14份有效问卷的50%。另外，我们对于其他技术培训的内容也进行了调查，1人参加过技师技能培训，1人参加过电工培训，1人参加过建筑技术培训，1人参加过农机驾驶培训，1人参加过医疗卫生服务技能培训，1人参加过宗教人士培训，均占51份问卷的2.0%。

对于培训的效果，不同的受调查者有不同的看法。对于“您认为这些培训对您是否有帮助”这一问题，在51份问卷中，28人未做回答，占54.9%；23人给出了回答，占45.1%。在做出回答的23人中，有9人认为帮助很大，占51份问卷的17.6%，占23份有效问卷的39.1%；11人认为有些帮助，占51份问卷的21.6%，占23份有效问卷的47.8%；1人认为帮助不大，占51份问卷的2%，占23份有效问卷的4.3%；1人认为没有帮助，占51份问卷的2%，占23份有效问卷的4.3%；1人说不清，占51份问卷的2%，占23份有效问卷的4.3%。

第五节 文化与体育

一 县文化体育概述

布尔津县是一个以哈萨克族为主的多民族聚居县，因此，布尔津县的文化活动有着浓厚的哈萨克民族特征。

每逢哈萨克族的那吾肉孜节，县有关部门都会组织文艺活动。2006 年，布尔津县举办了本县有史以来最大规模、最高水准的那吾肉孜节文艺晚会，并通过卫星向中亚四国转播，政府拨款 15000 元用于制作光盘。同年举办了布尔津县第十六届阿肯弹唱会。

县文体部门为乡镇小学、幼儿园学生举办冬不拉及舞蹈培训班和书画培训班。培训班学员在第十六届全国书市阿勒泰地区美术、书法、摄影展中获得 1 个一等奖、1 个三等奖、4 个优秀奖。

2008 年 12 月，阿勒泰地区举行了第二十七届优秀广播作品、第十五届优秀电视作品暨第十五届优秀播音主持作品评比会，布尔津县广播电视局参赛作品在此次评比中，一举夺得 2 个一等奖、8 个二等奖、5 个三等奖，15 件获奖作品不仅名列地区各县市奖项第一，而且还创造了布尔津县广播电视局建局以来参加地区广播电视节目评比活动的历史最好成绩。

在 15 件获奖作品中，汉语电视社教作品《一个牧民的人间大爱》和哈语广播社教作品《相约幸福》夺得一等奖，电视主持作品《童话边城布尔津》、《旅游天地》等 8 件作品夺得二等奖；汉语广播社教作品《往事》、《旱年增收》

等5件作品夺得三等奖。

县文体局还组织在农牧区放映电影，丰富农牧民的业余生活。

2007年6月8~12日，布尔津县举办了2007年“文化遗产日”活动，活动内容包括在白山布广场播放阿勒泰草原文化概况宣传光碟，举办“草原民族手工艺品展”和“布尔津县文物古迹图片展”。

2008年11月11日，布尔津县文体局和县新华书店在冲乎尔乡举行了“东风工程”第二批图书赠书仪式。此次共赠送第二批“东风工程”图书2191册、影像制品506件，总价值2.19万元。“东风工程”是由中央和地方财政专项拨款的公益性惠民工程。实施“东风工程”对于加强农牧区思想文化阵地建设、满足农牧民日益增长的文化需求、丰富群众文化生活、提高群众的思想道德水平和科学文化素质、推进社会主义新农村建设、构建和谐乡村，具有十分重要的意义。“东风工程”于2007年1月启动，2007年中央、自治区向布尔津县共赠送民汉书籍7618本，光盘682个，以及《人民日报》、《新疆日报》、《新疆科技报》、《新疆经济报》和《阿勒泰日报》5种报刊。2008年中央、自治区向布尔津县各乡（镇）、村赠图书113种，共计11771册；音像制品22种，共计2620盘，总价值149848元。此外，考虑到农牧区的实际需要，2008年出版物赠阅量有所增加，内容涵盖了“三农”科普读物、卫生保健读物、法律普及读物、双语教育读物、娱乐休闲读物、社会主义新农村建设读物等方面，该县有70个文化站室从中受益。

2008年12月9日，布尔津县宣传部、文体局联合为冲乎尔乡文化站送来了价值 2 万元的手风琴、冬不拉、吉他、哑铃、健身器等各类文体器材。

此外，布尔津县还开展文化扶贫。有关部门积极开展文化下乡活动，将群众喜闻乐见、朴实易懂的文化节目送到农牧区，并免费为农牧民和城镇居民送书，送知识。

布尔津县还蕴藏着众多的民族民间体育项目，是一个少数民族传统体育项目大县。

从 1993 年到 2007 年，布尔津县业余体校为自治区输送了 30 多名优秀的速度滑冰运动员，这些运动员转战国内各大赛场，不断创造佳绩。目前，该县业余体校的少儿速度滑冰队小队员已达 90 余人，其中绝大部分队员都是少数民族家庭的孩子。在全国农牧民运动会、全国十运会分区赛、自治区第十一届运动会暨速度滑冰 2006 年“丝绸之路”杯比赛和阿勒泰地区第十七届阿肯弹唱会等比赛中，布尔津县也取得了一系列的优异成绩。

二　奇村文化体育状况

奇村是一个以汉族、哈萨克族和回族为主的多民族聚居村，其语言和文化呈现出多样性，也是一个多民族文化交汇的地方。在该村居住的汉族，其老一辈大多从内地省份迁来，他们带来的是内地的汉文化。由于迁到该村的汉族人口具有相对较高的文化水平和较先进的农业生产技术与技能，他们对于促进该村农业生产的发展起到了很好的作用。但在哈萨克族的影响下，该村的汉族也学会了饲养和放牧牛羊，吃牛羊肉，喝奶茶。哈萨克族本是一个游牧民族，但在该村居住的哈萨克族由于长期与汉族、回族生活在一起，也学会了农耕。因此，该村的哈萨克人既能从事游牧，也能从事农耕。但该村的哈萨克人在文化特征上仍然表现出鲜明的草原特色。该村的回族少数民族居民，其先辈大多从甘肃迁来，他们虔诚地信仰伊斯兰教。他们的农业生产技术较高，同时，有些回族人善于经商。此外，该村还有萨拉族和壮族等少数民族居民。这些不同民族的人生活在一起，将各自不同的文化特色带到了一起。很久以前，从内地迁居这里的人，由于常与哈萨克人交往，也学会了哈萨克语。

多民族聚居的特点也使奇村的文化体育活动带有多民族的特色。过去，村里的喇叭是村民们获取信息和收听娱乐节目的主要渠道。现在由于电视的普及，看电视成为奇村村民业余生活的主要内容。汉族村民在农闲时节，除了看电视外，有些人会聚在一起打扑克牌、打麻将、下象棋或者围棋，也有部分回族村民参与这些活动。该村的哈萨克族村民也有一部分学会了打麻将、下象棋和围棋。哈萨克人在农闲季节会聚在一起弹唱冬不拉、跳舞或者讲述民间传说，当然有时会饮酒助兴。每逢附近地区举行阿肯弹唱会，该村的哈萨克歌手们会踊跃参加，一展自己的歌喉。青壮年哈萨克男子常会聚在一起举行摔跤比赛，这是哈萨克人的传统体育项目之一。遇到婚嫁喜庆之事，哈萨克人会骑着马，找一块空旷的地方举行刁羊比赛。过去，奇村的哈萨克人还常举行赛马。现在，随着奇村农业的发展和农业机械的使用，马匹数量减少了，很少举行赛马活动。

现在，每逢农闲和迎新春等季节，村里会在本村文化活动室举办文艺表演，该村有才艺的各族村民男女老幼都会充分施展自己的才艺，当然以青年居多。有人唱歌，有人跳舞，有人说快板，有人演奏手风琴、吉他或者冬不拉。

其中的佼佼者会被选送到乡里表演，为本村争光。如果在乡里的文艺会演中表现突出的话，还会被选派到县里表演。由于奇村距离乡政府驻地很近，奇村村民可以很方便地观看乡里的文艺会演。每年都会有县里的农村电影放映车来这里放电影，村民们还可以看看电影。

2007 年 4 月，奇村团支部在乡团委的带领下，组织本村团员青年举办了“植绿护绿”及“青年文明一条街”创建活动。

对于奇村村民的业余生活，我们也进行了问卷调查。关于是否喜欢看电视，一共收到了 51 份有效问卷。有 36 人回答喜欢，占 70.6%；12 人回答喜欢看，但不经常看，占 23.5%；有 3 人回答不喜欢看，也很少看，占 5.9%。关于喜欢看哪类电视节目，我们共收到 48 份有效问卷，其中 32 人回答喜欢看新闻节目，占全部有效问卷的 48.6%；9 人喜欢看农牧科普节目，占 10.8%；9 人喜欢看农村类节目，占 10.8%；有 10 人喜欢看歌舞节目，占 12%；有 18 人回答喜欢看电影、电视剧，占 21.7%；有 3 人喜欢看本民族文化介绍，占 3.6%；有 2 人回答喜欢看其他类节目，占 2.4%。在问到不经常看电视的原因时，1 人回答电视节目没意思，不想看，占 19 份有效问卷的 2%；17 人回答太忙，没有时间看，占 33.3%；还有 1 人回答家里没电视，占 2.0%。

第七章　风土人情

奇村是一个多民族聚居村，村民生活习俗丰富多彩。各民族仍然保持着本民族独特的习俗，但长期的共同生活使各民族习俗彼此间也产生了相互的影响。

第一节　汉族习俗

奇村的汉族除了少数世代在这里居住的，其他的主要由甘肃、山东、河南、四川、陕西等地迁来。尽管不同省份的人在风俗习惯上不同，但长期在这里的共同生活使他们的风俗习惯趋于相同，而且在某些方面也受到当地少数民族的影响。

在饮食方面，该村汉族的主食以面食为主，其次是大米，也辅以玉米和其他杂粮。该村汉族村民的饮食花样繁多，除了手抓羊肉外，还有拉条子、炸酱面、打卤面、爆炒面、汤面片、饺子、包子、馄饨、蒸米饭、炒米饭和抓饭。奇村的汉族食谱中，肉的比重也较大，这是受当地少数民族饮食习惯的影响。奇村汉族大量食用羊肉和牛肉。除了用牛羊肉炒菜外，他们也会把大块的牛羊肉放进水中加盐煮熟，再放一些洋葱。一些汉族村民在与哈萨克人交往过程中，也学会了“那仁”的做法。在奇村，抓饭、拉面等也是汉族人家的家常饭。当地汉族对猪肉的食用量很少，也有一些汉族村民不习惯食用猪肉。据他们反映，猪肉的腥味是他们不愿食用的主要原因。当地汉族家庭蔬菜的消耗量要高于哈萨克族家庭中蔬菜的消耗量。汉族村民都会煮奶茶，当然煮茶方法也是向哈萨克族学来的，而且部分汉族村民每天都要饮用奶茶。

在服饰方面，小孩和年轻人的穿着与城市中同龄人一样，大多是流行的色调和款式。在正式场合，年轻男子多着西装或者夹克，女性则着庄重合体的衣服。中老年男子着中山装和直筒裤子，头戴前进帽。老年妇女则着中山装，或者传统的盘扣衣服，下装为直筒裤（见图7-1）。

图7-1　汉族老人服饰（摄于2007年9月15日）

奇村汉族的住房与该村其他民族的村民一样，都为土木结构或者砖木结构的平房。屋内取暖设施是传统的土火墙或者自烧的土暖气，个别中老年人还喜欢睡在土炕上。条件较好的村民家还对房屋进行了装修，屋顶有吊顶，地面铺贴瓷砖，部分村民家屋内地面是水泥地面。一般村民家都有电视、DVD 等。

这里的已婚汉族年轻人一部分人是经自由恋爱而结婚的，一部分是经人介绍，由媒人牵线最终成婚的。在确定恋爱关系的过程中，无论是自由恋爱还是经人介绍，男方都要请媒人。

当地有些人仍然保留着“合婚”的习俗，即请阴阳先生推算生辰八字，看两人能否结为夫妻。这些人讲究如果男女双方在同一时辰出生，则不能结婚，双方不再交往，各寻归宿。根据“合婚”的习俗，如果推测结果是双方可以结婚，则双方订婚；否则，双方亲事作罢。

在结婚前两周至一个月左右的时间里，男方要把所有订婚时女方要求的物品和财礼送到女方家，称为“送婚礼”。结婚前两到三天，男方要送“通信礼”，即把两瓶白酒、两瓶甜酒和两个肉方子（一块一公斤重的牛肉或者猪肉）送到女方家，意思是通知女方家要娶亲了。

结婚时，新郎要用小轿车迎娶新娘。娶亲车队到达娘家后，娘家人会把大门堵起来，要求新郎和伴郎喝“拦门酒”，并给拦门的人以红包。然后，新郎和其他娶亲的人入席。席中，新郎要吃“酸甜苦辣饺子”，岳父岳母会做酸、甜、苦、辣、咸等各味饺子，预示新郎婚后要能经得起生活的酸甜苦辣。席毕，新郎搀着新娘坐入轿车。新娘家要派人送亲。到达新房后，新郎先下车，把新娘抱出车门，一直抱入新房。夜幕降临后，新郎的亲朋好友会聚在新房“闹新房”，以不同方式戏耍新郎新娘，逗乐大家，图个喜庆。

晚上，新婚夫妇入洞房前须有人“铺床”。铺床的人必须是女性，一般为新郎的嫂子或者已婚的姐姐、妹妹，如果新郎没有嫂子、姐姐等，新郎的母亲也可以为新婚夫妇铺床。铺床的人要在床的边缘放置红枣、核桃和糖果，以预示早生子，日子甜甜蜜蜜。

奇村汉族的丧葬习俗与全国其他省份汉族的丧葬习俗在基本方面是一致的，但也有当地的一些特点。在当地的丧葬习俗中仍然保留了一些封建迷信的因素。

有人去世后，家里人或者邻里就要做“引魂幡”，将它立起来，还要做“丧棒”，如果去世的人有儿子，则儿子无论到何处都要手提丧棒。家里人还要烧纸，点“长命蜡”、点香。如果去世的人是家中的长辈，则儿子和孙子等都要披麻戴孝并手持丧棒在尸体旁跪三天，意为“守孝”，并给尸体磕头。死者入殓后，在棺材前摆放一张桌子，上面放着香炉、长命蜡和一碗小米饭。死者被埋入坟墓后，“引魂幡”将被插在墓上，直到随风而去。

在送葬队伍到达坟地后，先将棺材放入坟坑，然后清除坟坑中和棺材盖上的脚印，意为“净土”。其后，儿子和孙子（不包括女儿、女婿和孙女）每人向坑中撒一把土。完毕，专有一人从每个人的孝帽上剪下一条布，意为“破孝”。“攒坟”就是亲人们带上铁锹，给新坟上添土，然后烧纸。送葬归来，参加送葬的人要从火堆上跳过，意为“避邪”。

葬礼结束，主人摆酒菜款待所有参加葬礼的人以示谢意。此后，从死者去世之日起，每逢七天都要为死者烧纸、上坟，直到第四十九天。然后，第一百天烧纸、上坟，一、二、三周年烧纸、上坟，三年后与其他祖先的祭祀仪式相同。从家中长辈去世那日算起，小辈一百天不理发、不剃须，意为“孝”。

第二节 回族习俗

回族使用汉语汉文。除了少量阿拉伯、波斯语词汇外，新疆回族的汉语夹带着少量的维吾尔、哈萨克词语及宗教词汇。由于这种语言形式主要是从经堂教育中产生的，也被称为“经堂语”。在边疆地区，回族居民在使用汉语的同时还经常使用当地少数民族的语言。少数回民会阿拉伯文。

西北地区农村的回族饮食，最有特色者当属民间宴席。“九碗三行”就是回族的正宗宴席，一般在举办婚丧礼仪活动中多用这种宴席招待众多的客人及亲属。奇村的回族大部分来自甘肃临夏，他们的饮食习惯与甘肃临夏的回族非常接近，但也有一些自己的特色。他们主要以面食为主，也吃米。他们有喝茶和以茶待客的习惯，喝盖碗茶的主要见于中老年人，年青一代也喝茶，但很少用盖碗，往往使用茶杯或者茶碗喝茶。除了西北回族的传统食物外，他们也喜欢吃新疆人普遍爱吃的拌面、抓饭、烤肉等。每逢喜庆之日，他们也定碟子，少则几个，多则十几个，有花生、杏干、核桃仁、红枣、油果、葵花籽、糖果等。

回族是个十分讲究卫生的民族，除个人卫生、家庭卫生外，饮食卫生尤其讲究。回族的饮食习惯，除了主食和汉族一样以面、米为主外，在肉食方面禁忌颇多。回族禁食猪、马、驴、骡、狗等不反刍动物，也禁食自死之动物和动物血液。这些禁忌均源于伊斯兰教的经典规定。饮酒也为伊斯兰教所严格禁止，但在个别回族人中这一禁忌并未得到严格的遵守。奇村的部分回族年轻人中也有饮酒的现象，既有啤酒，也有白酒。

奇村的回族对于可食的禽、畜，也要请阿訇或者宗教人士“下刀”，但在措词方面，他们并不十分忌讳用“宰”字，例如，他们常说“宰牛”、“宰羊”、“宰鸡”等。然而，奇村的回族也非常忌讳使用“杀”字，严格禁止说“杀牛”、“杀羊”、“杀鸡”等。

奇村的回族村民在饮食当中也有鱼，但不给活鱼刮鳞和开膛，认为给活鱼刮鳞和开膛是非常残忍的，而是要等鱼完全不动了才刮鳞和开膛，而且对于完全不动的鱼，忌讳用“死”字，而要说“定”了。

回族是一个非常好客而热情的民族，非常重视待客礼节。当家里来了客人，主人立即起身相迎让座，献上香茶。当男主人与客人愉快交谈时，女主人则到厨房准备丰盛饭菜款待客人。就餐前，要先洗手。入席，谦让年长者入座上席。上饭菜之前，主人首先要上盖碗茶。倒茶水时要当着客人的面将碗盖揭开，然后盛水加盖，双手捧递。这样做，一方面表示这盅茶不是别人喝过的余茶，另一方面表示对客人的尊敬。客人要起立，双手接茶盅。进餐时，上席长者先动筷子，其他人才能进食。当客人道别时，回族人总是满脸笑容，并一再挽留，一直将客人送出自家大门。

回族人传统的衣饰，年长者多穿黑色布料外衣，喜穿白衬衣，青色和棕色坎肩。中老年男子常戴白色小圆帽。老年妇女多着青色服装，布料多为平绒和条绒，白袜子，平绒或条绒布鞋，扎腿，蒙白色盖头。青年妇女喜穿大襟绣花外衣、绣花胸兜，扎绣花围裙，喜戴首饰，多戴耳环、发卡。已婚妇女要盘发（或梳两条辫子），戴盖头或戴白布深檐圆帽。现在，随着社会的发展，回族人的服饰有很大改变。奇村的年轻回族村民的穿着与该村的汉族村民一样，但年轻人从事宗教活动时要头戴白色小圆帽。未婚女子穿着与当地汉族女子一样，但已婚妇女要搭盖头，中老年妇女有些戴白布深檐圆帽，有些则搭白色或者黑色的盖头。

回族人过完开斋节第一百天，要吃一次阿术拉饭。阿术拉饭是用黄米、小米、大米、小麦、大麦，以及扁豆、豌豆、黄豆、绿豆等几十样豆类加红枣、核桃熬成的稀饭。回族把这天叫粮食节。对于这一节日，奇村的回族村民十分重视。每逢阿术拉日，全村的回族村民都要齐聚奇村清真寺，隆重庆祝阿术拉日。

走进农村回族村民清洁整齐的屋内，往往可见门后房梁上吊着一个水罐，下面有通下水道的浅坑，这里是人们经常沐浴大净的地方。平时洗脸、洗手，则用汤瓶，不用脸盆。

回族人中流传着一句俗话："一家女儿百家奔。"当回族姑娘长大成人时，就有人上门提亲。提亲一般都是男方家通过各种途径看准女方家的姑娘后，请媒人去提亲。回族在婚姻方面一般只限于本族内部通婚，限制并反对回族姑娘与其他民族的男子通婚，但不反对男子与其他民族的姑娘通婚。与回族通婚的非伊斯兰教男女，必须皈依伊斯兰教，履行一定的入教手续，才能成婚。奇村回族的婚姻一般程序要经过提亲、订婚、送大礼、婚礼等过程。

订婚时，男方根据自家的经济条件，通过媒人向女方送一定的礼物，如衣服、化妆品等。现在，经济条件好的回族小伙子还让媒人带去一枚金戒指作为定情物。订婚后，男方和女方大媒商定送大礼的日期。奇村的回族婚礼日期一般选定在农历的双日，并为星期六或者星期天。选定星期六或者星期天是为方便所有亲友参加婚礼。

娘家在结婚前还要为未婚夫妇请“卧奇里父母”。卧奇里父母是指伊斯兰教教义中的证婚人。卧奇里父母必须是婚姻健全、和美的夫妇。娘家要提前提着糖、茶等礼品去认请卧奇里父母。卧奇里父母一般为未婚妻的长辈。未婚妻若无长辈，则未婚夫的哥嫂也可担任。如果未婚妻无长辈，未婚夫也无哥嫂，则由未婚夫的父母来担任卧奇里父母。

结婚这天，新郎、伴郎和新郎家的两位已婚妇女乘坐小轿车或者面包车到女方家娶亲。新郎必须带齐为新娘准备的衣服、盖头、梳子、化妆品、鞋子等，还要准备若干“红包”。娶亲忌讳结婚好几年但没有生育的妇女参加。结婚时间短还没有孩子的妇女可以参加娶亲。与其他地方的回族讲究一样，奇村的回族非常忌讳孕妇和寡妇参加娶亲。禁止孕妇参加娶亲是怕喜“冲”了孕妇腹中的胎儿，禁止寡妇参加娶亲是因为不想给婚姻带来不祥。

当新郎到达新娘家时，新娘家的亲友会堵住家门向新郎要“敲门礼”。这时新郎要拿出提前准备的红包“敲门”。然后，新郎进入闺房，给新娘房中的陪客给“陪女礼”，陪女礼为红包或者手帕，视新郎的经济情况而定。

在男方娶亲车到达前，女方家给新娘“开脸”，即用棉线拔出脸上的汗毛。具体做法是，用一根棉线绞折起来，用嘴咬紧线头，两手分别把线拉成三角形，再用手将线不断分合移动，绞掉汗毛。新郎到达后，两位随行的妇女开始给新娘化妆。对于给新娘“开脸”这一习俗，奇村的回族仍然遵循着。

新娘化妆结束即上车出发。娘家要安排送亲并带齐陪嫁物品。娶亲的车队到达新郎家后，新郎的家人要出门相迎，并向娘家客人道“赛俩目”。然后，由卧奇里父母的子女或者卧奇里父母指定的人钉装门帘和窗帘，婆家要给钉装门帘和窗帘的人以红包。奇村回族婚礼上也有要公婆的习俗。当娶亲车队到达后，人们拉来小毛驴，将到处躲藏的新媳妇的公公死拉硬拽扶上毛驴，头戴草帽，手敲脸盆，用锅煤涂成黑脸，让他的老伴（新娘的婆婆）牵着毛驴在院子里转悠。婆婆头戴圆筒高帽，两脸涂黑，两个耳朵上挂着红辣椒，手摇扇子。老两口这副打扮尽管不雅，但被嬉闹的人们簇拥着、欢呼着，心里美滋滋的。这种习俗也是为图个吉利喜庆。

然后，阿訇为新郎和新娘念“尼卡哈”（伊斯兰教徒合婚仪式）。在念“尼卡哈”之前，阿訇要看看结婚证，没有见到结婚证，阿訇是不会念“尼卡哈”的。这是现在法律的规定，目的是防止非法婚姻。仪式开始，先由阿訇读一段《古兰经》，分别向新郎新娘询问是否同意与对方结婚，待双方应答后，阿訇宣布俩人正式结为夫妻。继而，再按照一定的内容谆谆嘱咐一番，“尼卡哈”仪式即结束。

新婚第三天，新郎新娘回娘家，叫做“回门”。回门时，新婚夫妇要带着四色礼，为新娘的父母各准备一套衣服。如果新娘的爷爷、奶奶健在，还要为他们准备相应的礼品。在新婚夫妇回到家一个月后，娘家要请新婚夫妇回娘家住一个月，叫“坐对月”，但现在一般住一周左右，新婚夫妇就回到自己家中。

“花儿”又称“少年”，是回族地区的一种民歌，实际上是一种高腔山歌。在“花儿”对唱中，男方称女方为“花儿”，女方称男方为“少年”，这种对人的昵称逐渐成为回族山歌的名称，亦统称为“花儿”。在奇村，一些回族中老年人会吟唱“花儿”，但在本地成长起来的年青一代回族人很少吟唱“花儿”，喜欢唱的大多是流行歌曲。

与其他地方回族一样，奇村回族的主要节日有开斋节、古尔邦节和圣纪节。

开斋节：斋月在伊斯兰教历太阴年九月，这个月里，人们在东方发白前吃好喝好，直到太阳落山前水米不沾，待太阳落山后再进饮食。十月一日（教历）为开斋节。这天，男女老幼喜气洋洋，沐浴盛装，上寺礼拜，走亲戚，拜邻里，互相问候。家家户户置办富有民族特色和地方风味的传统食品。有不少男女青年喜欢在开斋节举办婚礼。开斋节后，饮食时间恢复正常，不再受日出日落的限制。

古尔邦节：又叫“宰牲节”，在开斋后的第七十天举行。时间是伊斯兰教历太阴年十二月十日。节日这天穆斯林们衣冠整洁，喜气洋洋地上寺会礼（聚礼）。典礼活动别开生面，有条件的地方，每人要宰一只羊，七人合宰一头牛或一峰骆驼。然后将肉分成三份：一份留给自己吃，一份馈赠待客，一份济贫施舍。典礼之后，开始访亲问友。

圣纪节：在伊斯兰教历太阴年三月十二日，这是穆罕默德诞生的日子，穆斯林们重视这个节日，是为了纪念先圣，赞颂穆罕默德的美德，永远不忘他的教诲。这天要集会诵经，赞圣，讲述圣人的事迹，还要聚餐，俗称办“圣会”。相传穆罕默德也是在这天逝世，故穆斯林又称此日为“圣忌”。

第三节　哈萨克族习俗

奇村的哈萨克人已经适应了农业生产生活，从传统牧区的圆形毡房住进了平顶土房或木房里。尽管如此，他们的很多习俗并未发生根本变化。

哈萨克人的饮食依然保持以马、牛、羊肉为主，奶制品种类很多。平时他们喜好多吃牛、羊肉。通常吃法是把牛、羊肉切成大块，用白水煮熟，然后把肉盛到大盘中，再放盐水和洋葱，用手抓着吃，这就是手抓肉。除了肉外，还有塔尔米、烤饼、抓饭、“包尔萨克”（用羊油或者清油炸的面团）、那仁等食品。初夏，他们把鲜马奶装在用马皮做的皮袋（俗称“萨巴”）中，不断搅动，使它发酵成为半透明、略带酸味的马奶酒，这是牧区的夏季饮料。牧民喜欢喝奶茶，奶茶是用砖茶和米心茶，加牛羊奶和盐煮成。

哈萨克族尊敬老人，喝茶吃饭要先敬老人，一般在进餐时习惯长辈先坐，其他人依次围着餐布（铺在毡子上，用来摆放食品的布）屈腿或跪坐在毡子上。在用餐过程中，要把最好的肉让给老人。

由于奇村是个农业村，村民主要从事农业生产，现在该村的哈萨克人很少做马奶酒，但该村专门从事代牧的哈萨克人由于要在牧区呆5~6个月，他们会在牧区做马奶酒。奇村是个多民族聚居地，该村哈萨克人的生活习惯也受其他民族的影响。例如，该村的哈萨克人食用蔬菜的数量要远高于牧区的哈萨克人。他们也会做家常菜。马在该村主要用做拉运的工具，村里的哈萨克人也不多吃马肉，但如果想吃，可以买回一些。这也是适应定居生活的反映。从事定居的农业生产，不可能有那么多的牛羊肉供食用，而且市场经济的发展要求生产出产品主要是为供应市场，而不是自己食用。

哈萨克族的传统服饰具有浓郁的草原气息。哈萨克族男子的传统服饰大都宽大而又结实，主要用牲畜的皮毛做衣料，便于骑马和放牧。冬季放牧时，再戴上“吐马克”

(皮帽)，以防御严寒和风雷。牧民们若外出办事或走亲访友，则穿带布面或条绒面的大衣，颜色一般较深，其中以黑色居多，里面挂一岁的黑羊长毛皮。穿这种皮大衣时，腰间系一条镶着银饰的宽牛皮带，上挂一把精美的小刀，显得剽悍而威武。哈萨克族牧民除了用畜皮做衣裤外，还用驼绒絮里做长短大衣，这种大衣叫"库普"，衣面多用黑色条绒，多在家庭或到附近走动时穿用。

哈萨克族男子的帽子品种和式样比较多，但由于地区和部落的不同而有差异。阿勒泰的哈萨克族居民夏季头上系一块白毛巾或三角白布，把白布或毛巾的结扣扎在前额，头顶露在外面，显得别致。冬季则戴一种左、右、后三面下垂的"三叶"狐狸皮帽，戴上这种皮帽可以把脖子严严实实地围住，相当暖和。

上述哈萨克族男子的传统衣帽现在主要见于牧区（见图7-2)，而且牧区的哈萨克男子也是在节庆之日身着传统民族衣帽。现在农区和城市的哈萨克男子与汉族同胞的衣

图7-2　田间劳动的哈萨克族男子（摄于2007年9月15日）

帽差别不大。奇村的哈萨克男子的服装也是这样。

图 7－3　哈萨克族年轻妇女

（摄于 2007 年 9 月 15 日）

哈萨克族女子一般喜欢穿花色连衣裙和坎肩（见图 7－3）。她们的服饰因年龄不同，以及婚前婚后都有明显的区别。年轻的姑娘还戴一种圆形花帽，帽上缀满了珠子和金银片，帽顶插一撮猫头鹰羽毛，作为吉祥的标志，十分美丽。城市和农区的哈萨克姑娘现在很少戴这种帽子，只是在节日和欢庆时，偶尔可以见到哈萨克姑娘戴这种帽子。婚后妇女的装饰就比姑娘朴素一些，但仍穿花色连衣裙和坎肩，不过胸前不戴任何装饰品；到了中年以后，头上要戴头巾，多用白布做成，除了脸露在外面以外，脖颈、前胸和后背都被遮得严严的（见图 7－4）。年纪稍轻的妇女所戴的头巾上还有花纹。

图 7－4　哈萨克族老年妇女

（摄于 2007 年 9 月 15 日）

所以，从哈萨克族妇女的装束上也可以分辨出婚否和年龄大小。

现在，农区和城市中的哈萨克男女的服饰也大众化，与汉族同胞的服饰相同。奇村的哈萨克族年轻男女和小孩的穿着与该村的汉族同龄人一样，只是哈萨克男子到年老后要戴尖顶或平顶圆帽，中年和老年妇女穿裙子，头戴围巾。

哈萨克人热情好客，平时预备客人来时吃的东西，对客人不论相识与否，都竭诚招待。对贵宾要宰杀毛色为黄头白身的活羊。进餐时，主人先把羊头献到客人面前，以示尊敬。

哈萨克族长期以来过着逐水草而居的游牧生活，很早就发明创造了适合游牧生活便于搬迁近似于蒙古包式的流动房屋——毡房。哈萨克族的毡房主要由骨架、围墙、房顶、房毡、门5个部分组成。但随着现代农业生产活动的展开和定居生活的发展，越来越多的哈萨克人住进了平房和楼房。在奇村我们发现，这里的哈萨克人家喜欢在卧室或客厅墙上布置挂毯（见图7－5），喜欢色彩鲜艳的饰物。奇村的哈萨克村民主要住的是土木结构或者砖木结构的平房，

图7－5　卧室（摄于2007年9月16日）

室内采用火炉和土火墙取暖。他们还要在卧室或者客厅的墙上贴伊斯兰教图画。

哈萨克人的传统群众性娱乐活动包括刁羊、“克孜库瓦尔”（姑娘追）和每年在夏牧场举行的阿肯弹唱会等，这些都与哈萨克人传统擅长骑马的历史有关。这些活动在节日和喜庆的日子举办，同时配合各种骑术表演和比赛，既展示了哈萨克人的聪明才智和威猛勇敢，也为现代哈萨克人的定居生活保留了一份民族传统与特色。

哈萨克族有着极其丰富的民间文学，其中口头文学尤其发达、普及，其形式有神话、故事、诗歌、民歌、谚语、格言等，这些作品都是历经人们在一代又一代相继传颂过程中不断加工而逐步形成的。这就是非常受哈萨克人喜爱和尊敬的“阿肯”。“阿肯”的表演形式往往是怀抱一只“冬不拉”琴，在人群的拥簇中边弹边唱。

在奇村的哈萨克家庭中已经没有“还子”的习俗。“还子”是指每对新婚夫妇要把婚后所生的第一个孩子送给男方的生身父母。祖父母会把这个孩子当做自己亲生的最小的儿女来对待。从小到大，不论在家里还是在外面，彼此之间都以父（母）子相称。孩子对他（她）真正的亲生父母则以哥嫂（或姐）相称。父母对自己的这个儿女也同样要以弟妹相称。奇村的很多哈萨克族夫妇表示，现在养孩子的费用很高，政策也不允许多要，要多了也养不起，所以不会要好几个孩子，也不再给父母“还子”，自己的孩子还是自己养着好。他们认为那是一种过时和不合适的风俗。

哈萨克族的主要节日有纳吾热孜节、肉孜节、古尔邦节等。

哈萨克族在他们的日常生活中有很多禁忌，比如不能骑着快马直冲主人家门，因为这会被认为是挑衅或是报丧、传送不吉利的消息；做客时，不能坐在主人放有食物的箱子或其他生活用具上；等等。在哈萨克民族中，存在着灵魂不灭的观念，他们认为人死后，灵魂会离开人体而独立存在，所以特别注重死后的葬礼。葬礼基本上是按照伊斯兰教规进行的。与其他一些民族有所不同的是，每当有人前往吊唁死者与遗体告别的时候，通常由死者的女亲属与之相互拥抱，一起哀唱挽歌，并通过这种哭唱的方式，告诉人们死者的生平。吊唁结束后，按规定由宗教人士伊玛目用清水为亡者净身，再用白布裹身，最后举行祷告仪式进行土葬。

第四节　蒙古族习俗

奇村的蒙古族沿袭着祖辈上传下来的生活习惯，但由于与其他民族长期交往，他们的生活增添了一些新的内容。

奇村蒙古族的住房与该村其他村民一样，是土木结构或者砖木结构的平房，从住房外观判断不出是蒙古族的住房。如果走进他们的住房，你就会发现室内的装饰和摆设具有浓郁的蒙古族特色。奇村蒙古人待客的礼仪并没有因为居住平房而改变。他们仍然非常热情地招待客人，遵从着蒙古人传统的待客礼仪和规矩。按照蒙古人的习惯，主人敬上的奶茶，客人通常是要喝的，不喝有失礼貌；主人请吃奶制品，客人不要拒绝，否则会伤主人的心。如不便多吃，吃一点也行。

献哈达也是蒙古族的一项高贵礼节。献哈达时，献者躬身双手托着递给对方，受者亦应躬身双手接过或躬身让献者将哈达挂在脖子上，并表示谢意。蒙古族人有很多禁忌，如骑马、驾车接近蒙古包时忌重骑快行，以免惊动畜群；客人不能坐西炕，因为西是供佛的方位；忌食自死动物的肉和驴肉、狗肉、白马肉等。这些都被奇村的蒙古人很好地保留下来。

蒙古族牧民视绵羊为生活的保证和财富的源泉。日食三餐，每餐都离不开奶与肉。以奶为原料制成的食品，蒙古语称“查干伊得”，意为圣洁、纯净的食品，即“白食”；以肉类为原料制成的食品，蒙古语称“乌兰伊得”，意为“红食”。蒙古族除食用最常见的牛奶外，还食用羊奶、马奶、鹿奶和骆驼奶，其中少部分作为鲜奶饮料，大部分加工成奶制品。

蒙古族每天离不开茶，除饮红茶外，几乎都有饮奶茶的习惯。蒙古人还是个擅长喝酒的民族。每逢节日或客人朋友相聚，都有豪饮的习惯。马奶酒是鲜马奶经发酵制成的，不需蒸馏。

此外，奇村的蒙古人会做不少当地汉族人家的家常菜，也会做新疆人普遍爱吃的拌面和抓饭，会烤羊肉串等。冲乎尔当地牧区的蒙古人的食物以奶制品、牛羊肉及面食为主，用牛奶烧奶茶，做奶酒、奶酪、酸奶。

随着现代生活的不断发展，奇村的蒙古族男女青年平日的穿戴与该村的汉族同龄人差别不大，他们只是在喜庆场合着传统民族服装。冲乎尔地区的蒙古妇女喜欢戴金首饰，上面还镶嵌着宝石，奇村蒙古族也是这样。

蒙古族民间传统节日有“白节”、祭敖包等。

奇村蒙古人的宗教信仰以藏传佛教为主，蒙古族居民家里都有班禅像。但他们仍保留了许多原始自发的自然崇拜，图腾就是原始宗教的早期崇拜形式。他们每年都要举行祭山、祭水、祭天、祭树、祭鱼、祭火、祭敖包等传统的祭祀活动。

当地蒙古人的婚礼一般选在秋天牧闲季节举行。结婚前还要举行定亲仪式，待到结婚时，一家的婚礼就是全乡蒙古人的节日，男女老幼都穿着礼服、带上礼物赴宴庆贺。大家唱歌跳舞、吃肉喝酒，未婚青年进行角力比赛，等等。喜庆活动一直持续到深夜。

祭火在冲乎尔乡的蒙古人中表现很突出，逢年过节或婚宴等，都要祭火。大年三十晚上，家家要灯火通明，表示以驱鬼魂和邪恶。火神崇拜还表现在他们的日常生活里，吃饭、喝茶、饮酒必须先敬火炉，他们最忌讳往火里吐痰、撒尿、扔脏东西。太阳也是当地蒙古人最主要的自然崇拜对象之一。他们讲究无论是搭蒙古包或是建造房子，其门必须朝东或东南，即太阳升起的方向。还有新婚夫妇在入新房前必须先跪拜太阳，然后再入新房。

奇村蒙古人的丧葬现在一般都以土葬为主。他们的葬礼简单而又特别。人死后土葬时一般都在土坑中围一个原木框作为棺木，死人在棺木中通常采用坐式，意为出生前在胎中的形状。死者家属不穿孝服，不烧纸钱，但一定要请喇嘛念经引魂指路。前来参加丧礼的亲友不带别的礼物，只将一条哈达奉献在灵前而后施礼即可。所收集的哈达及死者生前的马匹、用具等遗物全部归喇嘛所有。受萨满教的影响，当地蒙古人认为灵魂不死，一个人有今生，也可以有来世。后来受到喇嘛教的影响，又认为死者将来能够“轮回”，能够“转世”。随着社会的发展和进步，当地蒙古人丧葬礼仪中的许多封建迷信成分也在逐渐消亡。

第五节 撒拉族习俗

撒拉族通用汉文，语言属阿尔泰语系突厥语族。基本上全民信仰伊斯兰教，生活习俗与当地回族相近。奇村的撒拉族在生活习俗方面受本村回族的影响，与该村的回族习俗比较接近，但仍然保持着一些撒拉族的特色。该村的撒拉族还通晓哈萨克语，与当地哈萨克族的交往在语言方面没有障碍。

奇村撒拉族的庭院与该村回族村民的庭院相像，室内装饰和摆设也像当地的回族人。他们仍然保持着在庭院中种植蔬菜和果树的习惯，在院中种植一些蔬菜和果树或者沙枣树等，而且庭院总是打扫得干干净净，院中整整齐齐。

撒拉族人家很讲究饮食，不仅要做到干净卫生，而且讲究花样翻新，美味可口。撒拉族的主食主要是面食，因此面食的做法很多，讲究也多。例如焜锅、锅魁、卷卷、馍馍、馓子、油果子、面片、拉面、散饭、绞团等，名目繁多。其中用清油制作的各种油食最为拿手，统称为“油香”。

撒拉族热情好客，要是家中来了客人，他们会拿出最好的东西来款待。其中最常见的是吃“油香”和“刮碗子”。客人到家以后，撒拉族人家会首先给你端上一只制作精美、颇为讲究的“三炮台”茶碗（底下一个小茶盘，中间一个小茶碗，上面盖有碗盖），茶碗里放有茯茶或花茶，还有冰糖、桂圆等。然后冲上开水，让客人慢慢地喝。接着端来炸好的“油香”叫客人吃。

撒拉人不论男女，均以做媒为荣，认为每成全一件婚事，就等于积了立一座“米那勒”（清真寺的宣礼塔）的功德。

撒拉族的婚礼全在隆冬举行。除了这时节农活少、人手闲、粮油足、肉类肥而又好储藏外，主要还是因为人员全，所有外出的人均已陆续返家。嫁娶前，男家要向女家送去各种聘礼，然后择定吉日正式嫁娶。

奇村的撒拉族由于人数少，再加上与当地的回族通婚等原因，其婚俗非常接近当地的回族。他们已经没有“挤门”的习惯，但女儿出嫁时，哭着离开娘家的习惯仍然遵循着。对于这一习惯，根据该村的撒拉族村民解释，女儿“哭”着出嫁，并不是因为女儿对结婚不满，而是女儿受父母养育成人，还没有孝敬父母，如今要离开父母成为别人家的人。

尊敬老人是撒拉族遵行的一种美德。在撒拉族地区，小辈们见了老人，必须先道“撒俩木”。村干部们协商村里的大事，也要先和老人们商量。在家里，老人更是备受尊敬，好吃好喝的都要先尽老人吃，家里栽种的果品也要先请老人尝鲜。总之，在撒拉族中，老人的地位是显要的。

撒拉人无论婚丧，全村的男男女女，以及远近的亲朋好友，都会拿上茯茶、冰糖、水果和钞票，即刻赶去恭贺、探望或者慰问悼念，分享欢乐，分担忧愁。东家也殷勤相迎，佳肴相待，临走时还送客人一块肉份子。

由于撒拉族信仰伊斯兰教，所以他们的节日也同信仰该教的其他民族一样，主要有开斋节、圣纪节和古尔邦节。

撒拉族男子头戴无檐白色或黑色六牙帽或小圆帽，外套“白布汗褡青夹夹”，腰系红布带或红绸带，短衣宽，长衣窄。老年人穿的长衣衫，撒拉语称为“冬”。做礼拜时头缠“达斯达尔”，一种长约数尺的白布。撒拉族妇女喜欢色泽艳丽的大襟花衣服，外套黑色坎肩。喜欢佩戴长串耳环、戒指、手镯、串珠等首饰。受伊斯兰教文化影响，妇女普遍戴“盖头”，少妇戴绿色盖头，中年妇女戴黑色，老年妇女戴白色，但老年妇女也有戴黑色盖头的（见图 7－6）。

图 7－6　撒拉族老夫妇和孙女（摄于 2007 年 9 月 16 日）

撒拉族的禁忌主要同伊斯兰教有关。其中最重要的是忌食猪肉和狗、马、骡、驴等不反刍动物的肉，一切动物的血，自死之物（包括牛羊在内）。一般不喝酒，不吸烟。

第八章　村民生活

奇村村民的生活相对于该乡其他村庄要好一些，这与该村的多种经营方式有关。多种经营方式的结果就是提高了村民的收入，村民们也因此具备了提高生活水平的物质基础。

第一节　人口概况

截止到 2007 年 9 月，奇村共有人口 1428 人，约 307 户，生活着汉、哈萨克、回、俄罗斯、蒙古等九个民族。调查组在该村随机抽取了 51 名问卷被调查者，其中男性 24 名，占被调查者的 47.1%，女性 27 名，占被调查者的 52.9%。如果对被调查对象按照年龄划分，20～29 岁范围内有 9 人，占全部被调查者的 17.6%；30～39 岁范围内有 17 人，占 33.3%；40～49 岁范围内有 10 人，占 19.6%；50～59 岁范围内有 9 人，占 17.6%；60～69 岁范围内有 5 人，占 9.8%；70～79 岁范围内有 1 人，占 1.96%。如果对被调查者按照年龄和性别进行交叉分析，在 20～29 岁范围内，男性有 2 人，占全部被调查者的 3.92%，女性有 7 人，占全部被调查者的 13.73%；在 30～39 岁范围内，男性有 9 人，占 17.65%，女性 8 人，占 15.69%；在 40～49

岁范围内，男性有6人，占11.76%，女性4人，占7.84%；在50~59岁范围内，男性有4人，占7.84%，女性5人，占9.80%；在60~69岁范围内，男性有2人，占3.92%，女性3人，占5.88%；在70~79岁范围内，男性有1人，占1.96%。

根据奇村村委会提供的资料，2006年该村18~55岁的青壮年劳动力有729人，男性400人，女性329人，其中18~19岁范围内有34人，占4.66%；20~29岁范围内有185人，占25.38%；30~39岁范围内有236人，占32.37%；40~49岁范围内有179人，占24.55%；50~55岁范围内有95人，占13.03%。

第二节　家庭结构

在农村社区中，家庭既是一个重要的消费单位，也是一个重要的生产单位。根据社会学的分类，家庭可以分为核心家庭、扩展家庭和单亲家庭等。核心家庭是指由一对夫妻及未成年的或未婚的子女组成的家庭；扩展家庭是指由父母和一个已婚子女共同生活在一起的家庭①。单亲家庭是指由父亲或者母亲与未成年的子女组成的家庭。随着社会的发展，现在又出现了一种新的家庭——“空巢”家庭。这是一种比喻的说法。所谓“空巢”，是指子女长大成人后从父母家庭中相继分离出去后，只剩下老年一代人独自生活。就像小鸟长大展翅飞翔，远走高飞一样，巢穴中再也没有嗷嗷待哺的雏婴了。

① 张克荣：《当代社会学》（上），群众出版社，1988，第164页。

奇村由9个不同民族的307户家庭组成，总人口1428人，其中核心家庭占多数，但是扩展家庭的数量也不少，还有个别单亲家庭和“空巢”家庭。

在51位被调查者中，家庭人口最多的有10人，最少的有2人。51位被调查者的家庭人口数量及有关比例见表8-1。

表8-1　家庭人口数量及有关比例问卷调查统计

家庭人口数（人）	被调查者人数（人）	比例（%）
2	3	5.88
3	10	19.61
4	19	37.25
5	5	9.80
6	9	17.65
7	3	5.88
10	2	3.92
合　计	51	100.0

注：以上数据来自冲乎尔乡计划生育办公室。

在随机抽取的51个问卷被调查者中，有29人来自核心家庭，占被调查者的56.86%，21人来自扩展家庭，占41.18%，1人来自单亲家庭，占1.96%。在全部被调查者中，8位是哈萨克族，占被调查者的15.7%；22位是汉族，占43.1%；回族18位，占35.3%；东乡族1位，占2.0%；撒拉族1位，占2.0%；塔塔尔1位，占2.0%。在来自核心家庭的被调查者中，有12位汉族，占核心家庭总数的41.4%，13位回族，占核心家庭总数的44.8%，5位哈萨克族，占核心家庭总数的17.2%，东乡族和塔塔尔族各1位，均占核心家庭总数的3.4%。在来自扩展家庭的被调查者中，汉族9位，占扩展家庭总数的42.9%，回族5位，占扩展家庭总数的23.8%，哈萨克族4位，占扩展家庭总数的19.4%，撒拉族1位，占扩展家庭总数的4.8%。在核心家庭中，10位被调查者的家庭人口为3人，占核心家庭总数的37.9%，19位被调查者的家庭人口为4人，占核心家庭总数的58.6%，5位被调查者的家庭人口为5人，占核心家庭总数的3.4%。

在来自扩展家庭的被调查者中，家庭人口最多的可以达到10人，有2位被调查者的家庭人口数达到10人，一位是汉族（25岁，女），这个家庭由被调查者与其祖父母、公婆、丈夫、2个姑子、1个儿子和1个女儿组成；另一位是哈萨克族（25岁，男），这个家庭由被调查者与其父母、妻子、2个兄弟、2个姊妹、1个儿子和1个女儿组成。扩展家庭人口最少的只有4人，有3位被调查者来自人口数为4人的扩展家庭，占扩展家庭总数的14.3%，有7位被调查者来自人口数为6人的扩展家庭，占扩展家庭总数的33.3%，5位被调查者来自人口为5人的扩展家庭，占扩展家庭总数的23.8%。

在被调查者中，还有一位来自单亲家庭，男性，30岁，哈萨克族，与他的儿子生活在一起，儿子在上小学。

第三节　人口流动

奇村村民中，除了哈萨克人外，其他人说汉语大都有不同的口音。在该村调研期间，我们听到的有甘肃方言、山东方言、河南方言、四川方言和陕西方言等。这表明奇村现有人口中有一部分是从其他省份迁居于此的。调查问卷的分析结果也证实了这种判断。在随机抽取的51位问卷被调查者中，从其他省份移居该村的有 20 人，占全体被调查者的 39.2%，本地土生土长的有 31 人，占全体被调查者的 60.8%。在被调查者中，从移居年份看，1959 年、1961 年、1962 年、1965 年、1973 年、1976 年、1977 年、1979 年、1980 年、1984 年、1986 年、1988 年、1991 年、2000 年、2002 年、2003 年每年移居该村 1 人，1966 年和 1972 年每年移居该村 2 人。被调查者移居本村最早的年份是 1959 年，最近的是 2003 年，这说明移居该村的时间跨度非常大，而且可以判断还不断地有人移居该村。

随着经济和社会的发展，人口的流动会较以往增加，这是经济和社会发展的必然结果。最近几年，布尔津县的经济快速发展，人口流动性也大幅增加。加上布尔津县本身是一个旅游大县，境内的喀纳斯风景区吸引了大量的中外游客，这也大大带动了该县境内的人口流动。奇村所在的冲乎尔乡位于通往喀纳斯风景区的必经道路上，冲乎尔乡的人口流动较布尔津县其他乡镇要多。在冲乎尔乡的街道上，可以看到很多载满游客的豪华客车来来往往，而且在当地街面上，从一些人的穿戴和口音可以判断出他们是这里的过客。奇村位于冲乎尔乡政府驻地以北 2 千米处，这里便利的地理条件，更加便于人口的流动。

在 51 位问卷被调查者中，41 人去过本县县城，占全体被调查者的 80.4%；34 人去过阿勒泰地区行署所在地阿勒泰市，占 66.7%；30 人去过新疆维吾尔自治区首府乌鲁木齐市，占 58.8%；去过新疆其他城市的有 20 人，占 39.2%；1 人去过上海，占 2.0%；有 15 人去过内地其他大城市，占29.4%；还有1人哪里都没去过，占2.0%。51位被调查者均表示没有到过国外。

在15位到过内地其他大城市的被调查者中，有回族6人，占40%，汉族9人，占60%，在被调查的哈萨克族对象中，没有人到过内地其他大城市；有1位被调查者到过上海，这位被调查者系男性，汉族，57岁，1976年从部队转业后移居新疆布尔津县。在上述15位被调查者中，本地土生土长的有3人，占20%，其余均由内地移居新疆。26名被调查者表示没有出过新疆，其中从内地移居新疆的有8人，本地土生土长的有18人。8位被调查者从内地移居新疆后再没有离开过新疆，其中1位，女性，回族，66岁，1966年移居本地，表示哪里也没去过；还有1位被调查者，男性，撒拉族，73岁，自1962年移居新疆后最远到过本县县城。在未出过新疆的18位土生土长的调查对象中，有2人最远到过本县县城，其中一人系东乡族，女性，32岁，另一位系汉族，女性，42岁；有9人最远到过阿勒泰市，其中6位女性，3位男性，从民族来看，有3位回族，1位汉族，5位哈萨克族。

在奇村，还有一种由外出务工造成的人口流动现象。有7位被调查者表示经常出去打工，占13.7%；2位表示打过2~4次工，占3.9%；3位表示出去过1次，占5.9%。而有37位被调查者表示没有出去打过工，占全体的72.5%；还有2位被调查者没有做出回答。在问及“您的子女是否外出打过工”时，33位被调查者的回答是“没有”，占全体被调查者的64.7%；5位被调查者表示“出去过1次”，占9.8%；有2位回答“出去过2~4次”，占

3.9%；5 位被调查者表示“子女经常出去打工”，占 9.8%；还有 6 位被调查者未做出回答。

51 位被调查者就“如果您或您的子女外出打工，打工地点主要在哪里?”做出了不同回答，其中有 29 人做出了回答，22 人未做回答，如表 8－2 所示。

表 8－2　打工地点问卷调查统计

打工地点	应答人数（人）	比例（%）	有效比例（%）
内地城市	3	5.9	10.3
新疆城市	4	7.8	13.8
新疆县乡镇	8	15.7	27.6
农　　村	7	13.7	24.1
牧　　区	7	13.7	24.1
合　　计	29	56.9	100.0
未答人数	22	43.1	
总　　计	51	100.0	

注：以上数据来自冲乎尔乡计划生育办公室。

51 位被调查者中，有 45 位表示没有出过国，占 88.2%，另有 6 位未做出回答，占 11.8%。

第四节　计划生育

中国有 13 亿人口，计划生育是中国一项长期的基本国策，对于有效控制人口过快增长及提高中国的人口素质起到了非常积极的作用。中国有 56 个民族，汉族人口最多，但这并不意味着计划生育政策只是针对汉族人口制定的，中国的已婚公民，不论其民族，都有实行计划生育的责任和义务。但在具体实施过程中，国家对汉族和少数民族采取了严宽有别的政策，即对少数民族夫妇实行相对宽松的计划生育政策。

奇村的人口由9个民族的人组成，但计划生育政策在该村得到了很好的执行，对于控制该村人口增长和确保村民致富奔小康起到了良好的作用。计划生育政策的良好执行得益于该村领导班子的重视和妇女主任的认真负责（见表8－3），以及村民的自觉配合。我们从2006年的统计表中可以看出奇村计划生育工作的优异成绩（见表8－4）。

表8－3 奇巴尔托布勒克村妇女主任工作季节情况

一月	走访妇女，了解村里生育动态，清理牛羊圈，喂鸡鸭，喂牛羊
二月	走访各家各户，给需要避孕的妇女发放药具。清理牛羊圈，喂鸡鸭，喂牛羊
三月	给需要避孕的妇女发放药具，牛羊接羔，清理牛羊圈，喂鸡鸭，喂牛羊
四月	每月两天为妇女发药，牛羊上山。拉运肥料，买种子、农药、化肥，准备春耕，修理农机，清理圈棚，喂牲畜
五月	走访育龄妇女，宣传计生政策，探望生育妇女，介绍各种避孕措施。种地膜，春翻，春耕
六月	给妇女发药，发证登记、调查出生的孩子。田间管理，拔草、浇水
七月	帮助妇女排忧解难，发药，入户登记，田间管理拔草、浇水
八月	打草，20日以后秋收。浇水
九月	收秸秆，收成入库打草，打场，秋收，浇水
十月	参加婚礼，看管牲畜，牛羊下山。作物销售，作物入库，秋收结束
十一月	清理棚圈，秸秆喂养圈养牲畜，冬宰作物销售
十二月	清理棚圈，喂养牲畜

注：口述人：村妇女主任；时间：2007年9月15日。

表 8-4　奇村 2006 年人口自然变动与晚婚情况统计

单位：人

<table>
<tr><td colspan="4">期末人口总数</td><td>1234</td></tr>
<tr><td rowspan="8">本期出生人数</td><td rowspan="6">计划内</td><td rowspan="2">一孩</td><td>男</td><td>2</td></tr>
<tr><td>女</td><td>5</td></tr>
<tr><td rowspan="2">两孩</td><td>男</td><td>4</td></tr>
<tr><td>女</td><td>3</td></tr>
<tr><td rowspan="2">三孩及以上</td><td>男</td><td></td></tr>
<tr><td>女</td><td>1</td></tr>
<tr><td>计划外</td><td></td><td></td><td>无</td></tr>
<tr><td>合计</td><td></td><td></td><td>15</td></tr>
<tr><td colspan="4">死亡人数</td><td>2</td></tr>
<tr><td rowspan="3">女性初婚人数</td><td>19 周岁或 17 周岁及以下者</td><td rowspan="2"></td><td rowspan="2"></td><td>1</td></tr>
<tr><td>23 周岁或 21 周岁及以上者</td><td>12</td></tr>
<tr><td>合计</td><td></td><td></td><td>13</td></tr>
</table>

注：以上数据来自冲乎尔乡计划生育办公室。

表 8-5 和表 8-6 还根据汉族与少数民族的不同情况，进行了分别统计。

表 8-5　奇村 2006 年汉族人口自然变动与晚婚情况统计

单位：人

<table>
<tr><td colspan="4">期末人口总数</td><td>465</td></tr>
<tr><td rowspan="8">本期出生人数</td><td rowspan="6">计划内</td><td rowspan="2">一孩</td><td>男</td><td></td></tr>
<tr><td>女</td><td>3</td></tr>
<tr><td rowspan="2">两孩</td><td>男</td><td>1</td></tr>
<tr><td>女</td><td>1</td></tr>
<tr><td rowspan="2">三孩及以上</td><td>男</td><td></td></tr>
<tr><td>女</td><td></td></tr>
<tr><td>计划外</td><td></td><td></td><td>无</td></tr>
<tr><td>合计</td><td></td><td></td><td>5</td></tr>
<tr><td colspan="4">死亡人数</td><td>1</td></tr>
<tr><td rowspan="3">女性初婚人数</td><td>19 周岁或 17 周岁及以下者</td><td rowspan="2"></td><td rowspan="2"></td><td>1</td></tr>
<tr><td>23 周岁或 21 周岁及以上者</td><td>1</td></tr>
<tr><td>合计</td><td></td><td></td><td>2</td></tr>
</table>

注：以上数据来自冲乎尔乡计划生育办公室。

表 8-6　奇村 2006 年少数民族人口自然变动与晚婚情况统计

单位：人

<table>
<tr><td colspan="4">期末人口总数</td><td>769</td></tr>
<tr><td rowspan="8">本期出生人数</td><td rowspan="6">计划内</td><td rowspan="2">一孩</td><td>男</td><td>2</td></tr>
<tr><td>女</td><td>2</td></tr>
<tr><td rowspan="2">两孩</td><td>男</td><td>3</td></tr>
<tr><td>女</td><td>2</td></tr>
<tr><td rowspan="2">三孩及以上</td><td>男</td><td></td></tr>
<tr><td>女</td><td>1</td></tr>
<tr><td>计划外</td><td></td><td></td><td>无</td></tr>
<tr><td>合计</td><td></td><td></td><td>10</td></tr>
<tr><td colspan="4">死亡人数</td><td>1</td></tr>
<tr><td rowspan="3">女性初婚人数</td><td>19 周岁或 17 周岁及以下者</td><td rowspan="2"></td><td rowspan="2"></td><td></td></tr>
<tr><td>23 周岁或 21 周岁及以上者</td><td>11</td></tr>
<tr><td>合计</td><td></td><td></td><td>11</td></tr>
</table>

注：以上数据来自冲乎尔乡计划生育办公室。

每年，村“两委”班子都要多次召开计划生育工作专题会，并做出具体安排，对积极参与计划生育工作的村民小组指导员给予补助。村委会狠抓计划生育专干业务培训，对村计划生育工作人员加强计划生育业务知识和相关法律知识培训，进行业务和政策指导。通过培训，该村计划生育专干业务水平大大提高。这为该村开展计划生育工作奠定了良好的基础。

在硬件方面，村“两委”班子非常重视计划生育的硬件设施建设，从村集体经济收入中拿出大量资金完善计划生育办公室、计划生育服务所、村计划生育协会活动室的建设。这为该村计划生育工作的开展提供了坚实的物质基础。

村委会还注重搞好计划生育宣传教育工作。近年来，每年都按上级要求，完成有关计划生育的报纸、杂志征订工作，每年发放计划生育挂图、《新疆维吾尔自治区人口与计划生育条例》等各类宣传资料千余份。该村的计划生育宣传教育非常有特色，在2006年“世界人口日”和“文艺下乡”活动中发放计划生育宣传资料200余份，并免费赠送了避孕药具（见表8－7）。

表8－7　奇村2006年全年人口节育措施、领证情况统计

单位：人

项目	人数	项目	人数
已婚育龄妇女人数	225	口服药及打针	2
无孩人数	16	避孕套	45
有一孩人数	62	外用药	2
有二孩人数	86	领取独生子女证人数	9
有三孩及以上人数	61	其中农牧民	8
采取各种节育措施人数	182	当年领取独生子女证人数	1
女　扎	15	领取计划生育证人数	40
上　环	116	其中农牧民	35
皮　埋	2	当年领取计划生育证人数	13

注：以上数据来自冲乎尔乡计划生育办公室。

同样，我们也可以分别就汉族与少数民族的不同情况，得到新的统计数据（见表8－8、表8－9）。

表8－8　奇村2006年汉族全年人口节育措施、领证情况统计

单位：人

项目	人数	项目	人数
已婚育龄妇女人数	82	皮　埋	1
无孩人数	2	口服药及打针	1
有一孩人数	24	避孕套	8
有二孩人数	42	外用药	1
有三孩及以上人数	14	领取独生子女证人数	9
采取各种节育措施人数	73	其中农牧民	8
女　扎	8	当年领取独生子女证人数	1
上　环	54		

注：以上数据来自冲乎尔乡计划生育办公室。

表 8－9　奇村 2006 年少数民族全年人口节育措施、领证情况统计

单位：人

项目	人数	项目	人数
已婚育龄妇女人数	143	皮　埋	1
无孩人数	14	口服药及打针	1
有一孩人数	38	避孕套	37
有二孩人数	44	外用药	1
有三孩及以上人数	47	领取计划生育证人数	40
采取各种节育措施人数	109	其中农牧民	35
女　扎	7	当年领取计划生育证人数	13
上　环	62		

注：以上数据来自冲乎尔乡计划生育办公室。

对于全村的计划生育手术情况，我们也看到了 2006 年的统计结果，如表 8－10 所示。

表 8－10　奇村 2006 年计划生育手术情况统计

单位：例

本期节育手术例数				本期取环例数		本期补救手术例数			
合　计		宫内节育器		汉族	少数民族	合　计		其中人工流产	
汉族	少数民族	汉族	少数民族			汉族	少数民族	汉族	少数民族
5	8	5	8	0	3	0	1	0	1

注：以上数据来自冲乎尔乡计划生育办公室。

当年农牧民实行计划生育手术的情况则有所不同，如表 8－11 所示。

表 8－11　奇村 2006 年计划生育手术分类情况统计

单位：人

农牧民已婚育龄妇女人数	合计	上环	取环	药物流产	查环	产孕
220	318	13	3	1	109	192

注：以上数据来自冲乎尔乡计划生育办公室。

奇村注重发挥村计划生育协会作用，搞好计划生育工作。为搞好该村计划生育工作，该村计划生育协会以“婚育新风进万家”活动为载体，在全村开展“两为两争”（我为协会尽责任，我为国策作贡献；争创先进协会，争做先进会员）竞赛活动，并认真组织抓好“三结合”项目，把生产、生活、生育有机地结合起来，为育龄妇女群众提供全方位的优质服务，2006 年和 2007 年分别为对全村妇女免费做了一次妇科病普查，送药上门，发放母婴保健手册、艾滋病防治等宣传资料，提供保健服务。此外，村计划生育协会还开展“帮贫扶困”活动，设立帮扶卡，建立花名册。村计划生育协会的工作也得到了布尔津县政府的肯定，2007 年 9 月，布尔津县人民政府授予奇村计划生育协会 2007 年度“群众满意协会”、“计划生育先进村协会”、“计划生育村民自治村协会”等称号。

计划生育工作是涉及很多人的工作，村级计划生育工作单靠村计划生育专干难以开展，只有发动村组计划生育指导员的力量，才能有效地搞好计划生育工作。村组指导员建立了 16 岁以上未婚青年台账，有效地解决了未婚青年难管的问题。

现在的计划生育政策允许哈萨克族农牧民生 3 个孩子，允许汉族农牧民生 2 个孩子，但一般农牧民都希望只要两个孩子（见图 8－1）。很多村民表示，实行计划生育政策好，因为孩子少了，生活水平提高得快；孩子多了，生活水平就会降低。而且现在对实行计划生育的夫妇政府有奖励，对少生一个孩子的农户一次性给予奖励 3000 元人民币。这个奖励政策非常好，但即使没有奖励，奇村农牧民也不愿意多生孩子。这个奖励政策从 2003 年开始实行，当时少生

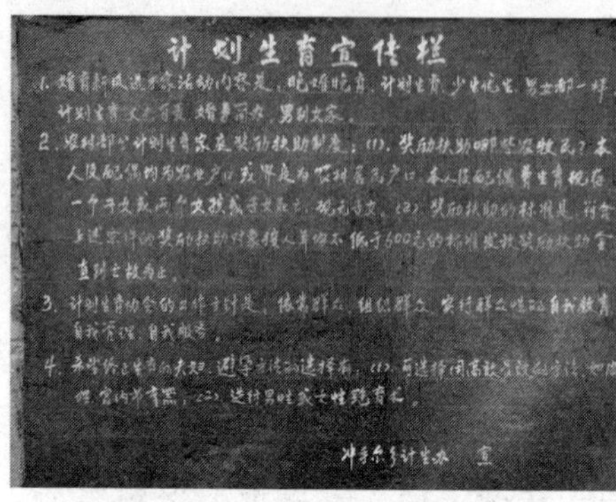

图 8-1 奇村计划生育宣传栏

（摄于 2007 年 9 月 14 日）

一个孩子一次性奖励 2000 元钱。2004 年开始奖励标准提高到 3000 元钱。到 2007 年 9 月为止，奇村已有一些夫妇领到奖励，有些夫妇正在申请奖励。

在 51 个被调查者中，有 1 个有 5 个孩子，其中 2 个儿子，3 个女儿，该对象 67 岁，女，丈夫 83 岁，但 5 个孩子都已成家并且立户另过，所以其 5 个孩子并未包括在家庭人口中。还有 1 位被调查者，男，汉族，31 岁，结婚不久，无小孩，家中还有妻子、父母亲 3 人。在其余被调查者中，有 1 个孩子的有 16 位，占全体被调查者的 31.4%，在 20~29 岁年龄段的有 3 位，其中汉族 2 位，回族 1 位；30~39 岁年龄段的有 8 位，其中汉族 2 位，哈萨克族 3 位，回族 2 位，东乡族 1 位；40~49岁年龄段的有 0 位；50~59 岁年龄段的有 2 位，均为汉族；60~69 岁年龄段的有 2 位，均为汉族；70~79 岁年龄段的有 1 位，撒拉族。有 2 个孩子的有 25 位，占全体被调查者的 49%，其中汉族 8 位，哈萨克族 5 位，回族 11 位，塔塔尔族 1 位。有 3 个孩子的有 6 位，占全体被调查者的 11.8%，其中汉族 2 位，回族 3 位，哈萨克族 1 位。有 4 个孩子的有 2 位，占 3.9%，其中汉族 1 位，50 岁；回族 1 位，40 岁。

奇村育龄妇女采用的避孕措施有上环、口服避孕药和使用安全套。上环不是强制的，只有在征得妇女同意的情况下，计划生育工作人员才给上环。但是，上环会产生一些副作用，例如附件炎、子宫炎等。上环是免费的，到县医院做手术，每年有两次。计划生育办公室每月都来村进行一次计划生育体检。

个案 8-1　村计划生育干部访谈

牛荣霞，1995～2007 年 12 年，一直是村的妇女和计划生育干部，对奇村基本情况十分熟悉。奇村是个多民族聚居村。已婚育龄妇女中，少数民族多，汉族少。哈萨克族和回族已婚育龄妇女数量多。新生儿的数量上，少数民族多，汉族少。但每年情况有不同，具体数量不好说。过去要求生孩子间隔时间为 3 年，从 2006 年 1 月开始，国家放宽了生下一胎的时间间隔，这样不好确定新生儿的数量。少数民族同志允许生 3 胎，可以连续生。汉族同志是 2 胎。

少数民族同志目前倾向于生 2 胎，生 3 胎的比较少。现在国家对少生快富的有奖励，生育 2 胎或更少的给予每户 3000 元奖励，这个政策执行情况良好。这些奖金已经都发放到村民手里了，去年（2006 年）发放了 8 户，今年（2007 年）这一批的奖励金还没下来。汉族独生子女也给予奖励。现在的农牧民愿意接受奖励放弃生孩子。

本村对育龄妇女的体检活动一直在展开，每年至少能达到体检 2 次。采取自愿方式，一般去计划生育指导站做检查，也有一些去大医院的。做什么方面检查也是自愿的，看个人情况。有些是计划生育方面的，也有的是整个妇科性检查。一般看病是自费的，但计划生育方面的，包括查孕、做手术、上环等，全部实行免费，包括意外怀孕都不受影响。如果有需要手术的，可以去计划生育指导站做，也可以在村医院做，不采取强制措施。我们一般只是建议。愿意去哪里做手术都可以，全部免费，在外面做的回来后可以报销。

从我们的调查问卷结果中，也可以看出村民对计划生育和子女培养等方面问题的基本看法。

对于“您希望您或者您的儿女有几个孩子?”这个问题，51 个被调查者做出了不同的回答，如表 8 - 12 所示。

表 8 - 12　“您希望您或者您的儿女有几个孩子?”问卷调查统计

希望的孩子数量	回答人数（人）	所占比例（%）	有效比例（%）
1　个	20	39.2	39.2
2　个	22	43.1	43.1
3　个	4	7.8	7.8
4 个及以上	3	5.9	5.9
能生几个就生几个	2	3.9	3.9
总　计	51	100.0	100.0

从表 8 - 11 可以看出，希望生育 2 个孩子的人最多，有 22 人，占 43.1%，其次是希望要 1 个孩子的人，有 20 人，占 39.2%，这两类人合计有 42 位，占全体被调查对象的 82.4%，也就是说，被调查者中有 82.4% 的人希望要 1 ~ 2 个孩子。

绝大多数被调查者赞同“少生孩子，家庭才能致富”的观点，持这种观点的有 49 人，但也有持不同观点的人，如表 8 - 13 所示。

表 8－13　“少生孩子，家庭才能致富”问卷调查统计

	回答人数（人）	所占比例（%）	有效比例（%）
同　意	49	96.1	96.1
不同意	1	2.0	2.0
说不清	1	2.0	2.0
合　计	51	100.0	100.0

对于孩子数量多少与母亲健康的关系，绝大多数人认为，少生孩子母亲才能更健康，如表 8－14 所示。

表 8－14　“少生孩子，母亲身体更健康”问卷调查统计

	回答人数（人）	所占比例（%）	有效比例（%）
同　意	47	92.2	94.0
不同意	1	2.0	2.0
说不清	2	3.9	4.0
合　计	50	98.0	100.0
未答人数	1	2.0	
总　计	51	100.0	

有超过一半的人不赞同“孩子多了老了才能有依靠”的观点，但也有不少人持这一观点，如表 8－15 所示。

表 8－15　“孩子多了老了才能有依靠”问卷调查统计

	回答人数（人）	所占比例（%）	有效比例（%）
同　意	14	27.5	27.5
不同意	28	54.9	54.9
说不清	9	17.6	17.6
合　计	51	100.0	100.0

多数人不同意“生多生少不是父母能决定，应该听天由命”的看法，如表 8－16 所示。

表 8－16 “生多生少不是父母能决定，应该听天由命”问卷调查统计

	回答人数（人）	所占比例（%）	有效比例（%）
同 意	13	25.5	25.5
不同意	36	70.6	70.6
说不清	2	3.9	3.9
合 计	51	100.0	100.0

奇村的人对于孩子也有不同的期望，对于“最希望孩子将来做什么”，50 人做出了不同的回答，有 1 人未答。在做出回答的 50 人当中，有人选择了两个或者两个以上的答案，如表 8－17 所示。

表 8－17 “最希望孩子将来做什么？”问卷调查统计

回 答	人数（人）	所占比例（%）
农牧民	1	2
工 人	2	4
干 部	21	42
教 师	25	50
科学家	2	4
军人或警察	7	14
商 人	6	12
宗教人士	1	2
其 他	4	8
没想过	7	14

从表 8－17 可以看出，奇村村民最希望孩子从事的职业是教师，有 25 人希望孩子将来能成为教师，占全体被调查者的 50%；其次是干部，有 21 人希望孩子将来能成为干部（当地人对“干部”的理解就是在政府工作的人），占 42%。

第五节　生活条件

在对村民走访期间，我们发现奇村村民的住房以土木结构的土坯房为主，较富裕的村民则修建了砖木结构或者砖混结构的房屋。一般而言，土坯房屋的修建年份都较久远，最早的远至20世纪70年代；砖木或者砖混结构的房屋修建年份较近。房屋的面积随着年份的向后推移而逐渐增大，这说明村民的居住面积在逐渐增大。从修建房屋花费的资金看，修建年份近的，修建费用相对较高（见表8－18）。居住土坯房屋的大部分村民屋中地面还是土地面，个别村民铺了一层红砖，有些则是水泥地面。居住砖木或者砖混结构房屋的村民有个别人铺贴了瓷砖，大部分为水泥地面，个别房屋还装了石膏吊顶。屋中的取暖设施，土坯房屋中大部分还是传统的土火墙，有些是铁皮火墙。新建房屋中都安装了土暖气。有些村民家的院子中还种植有树木或者花草，在绿树成荫、鲜花盛开时，整个院落显得清静宜人。

表8－18　村民房屋修建情况

房子修建年份	房屋面积（平方米）	修建费用（万元）
1975	50	0.3
	75	0.2
1977	50	1.4
1983	60	—
1984	120	0.8
1985	75	0.2
1987	100	2.5
	60	0.5

续表 8－18

房子修建年份	房屋面积（平方米）	修建费用（万元）
1987	80	0.4
1988	60	0.5
1989	50	0.8
	60	—
	60	1
1990	120	3
	80	1
1991	60	2
	80	0.5
1992	80	0.4
	90	2
	60	0.1
	80	1
1994	80	0.45
1995	60	2
	120	12
	40	0.5
1996	100	1
	70	1
1997	70	0.5
	80	2
	70	0.4
	150	0.3
	75	1
1998	33	0.6
	100	2
	50	0.35
	90	1.7
1999	114	2.6
2000	80	4.5
2001	60	2
	50	0.45
	60	3
	120	2

续表 8－18

房子修建年份	房屋面积（平方米）	修建费用（万元）
2002	120	3
2003	100	4
2004	120	5
	120	4.6
2005	100	6
	70	1.5
2007	120	5

对于村民的房屋结构情况，一共得到 49 份有效问卷。统计分析表明，奇村村民的房屋大部分为土木结构房屋。在砖结构房屋中，砖木结构的房屋要多于砖混结构房屋（见表 8－19）。

表 8－19　房屋结构情况统计

房屋结构	户数（户）	所占比例（%）
土木结构	38	77.6
砖木结构	8	16.3
砖混结构	3	6.1
合　　计	49	100.0

在走访过的村民家中，绝大部分房屋没有装修。我们还对房屋装修情况进行了问卷调查，共得到 50 份有效问卷。其中 8 户房屋进行了装修，占全体被调查对象的 16%，其余 42 户房屋均未装修，占 84%。在问及是否为抗震安居房时，48 人做了回答，其中回答"是"的有 1 人，占 2.1%；回答"否"的有 47 人，占 97.9%。

在问卷中，村民家中的耐用品也是了解的内容之一，因为耐用品从一个方面反映了村民的生活和生产状况。对于耐用品的调查，我们共得到 51 份有效问卷。通过对问卷结果的统计和分析，我们对村民拥有的耐用品种类和数量有了一定的了解。详细情况见表 8 - 20。

表 8 - 20　耐用品拥有情况统计

耐用品	拥有数量	所占比例（%）
彩色电视机（台）	47	92.2
黑白电视机（台）	1	2.0
录音机（台）	24	47.1
电冰箱（台）	42	82.4
洗衣机（台）	30	58.8
电风扇（台）	17	33.3
小四轮拖拉机（辆）	29	56.9
大拖拉机（辆）	2	3.9
卡车（辆）	2	3.9
小车（辆）	4	7.8
摩托车（辆）	37	72.5
照相机（架）	6	11.8
自行车（辆）	25	49.0
电话（部）	22	43.1
移动电话（部）	16	31.4

村委会主任马兴国对该村拥有的农业机械情况做了整体的介绍：本村的农业机械主要为各家各户所有，集体没有。国家现在给予购买农机的资金补助，只要是大型农机(60 马力以上的) 都给补贴。全村小四轮已经普及，康拜因全村有 2 ~3 台。大型农机专业户有 4 户，这 4 家每户都配备了主要农业机械，有耕地、播种等一整套机械设备。有 55 收割机这样的小型农机户多。有 8 户，汉族略多，1 户为回族。

第六节　生活内容

奇村村民的生活具有农牧业社区的典型特点，村民的生活有农忙和农闲季节之分、劳动力和非劳动力之分。每年11月至来年3月为农闲季节，在这一季节，村民们的农活都已结束，庄稼也都收割完毕。饲养畜禽的农户在这时会有很多时间来照料自家的畜禽，而那些从事牛羊育肥的农民也主要是在这一季节进行育肥的。每年4~10月为农忙季节，老人、小孩、病人以外的村民们都忙着干农活。这一季节的主要活动就是春耕、播种、浇水、照料庄稼、除草、喷洒农药、收割庄稼、犁地、冬灌等。

大部分村民家还是有男女分工的（见图8-2）。一般农户家里，男子都是主要的劳动力。早晨起床后，妇女做早饭，男子负责给畜禽喂食喂草等。此外，如果家中有奶牛，还必须有人负责挤奶，或者牵牛到收奶站用挤奶机吸奶。在农忙季节，这些工作做完才能下农田干活。有些农户家

图8-2　田间劳动的妇女（摄于2007年9月16日）

饲养的畜禽较多，就要专门安排一人或者两人在家中看管畜禽。人手不够的人家还要雇人照料畜禽。如果在农田里劳动，到中午吃饭时间，一般是妇女先回家做饭，等其他人都回家了，饭也准备好了。或者是一位妇女回家做好饭，自己先吃，然后再带饭到农田，其他人在农田吃饭，这样可以节省时间。太阳落山时，一家人一起回家，回到家中，妇女负责做晚饭，男子负责给牲畜饮水、添加草料等。如果家中饲养有奶牛，还要有人负责挤奶，或者牵牛到收奶站挤奶。对于畜禽的棚圈还要定期进行清理。每年 4 月份，村民都开始拉运肥料，购买种子、化肥和农药，等等，家中有农用机械的还要进行修理。一般 5 月份开始春耕、播种；6 月进行拔草、浇水、喷洒农药等工作；7 月有浇水、喷洒农药等工作；8 月要割草、浇水，并且秋收工作开始；9 月进行收割庄稼、割草、拉运秸秆、装运农作物、浇水等工作，；10 月开始销售农作物，代牧的牛羊下山，农户开始自己看管；11 月，继续销售农作物，天气变冷后，每家每户都开始宰牛或者宰羊，称为“冬宰”，准备过冬的牛羊肉。12 月至第二年 3 月，县政府组织的“科技之冬”活动在各村展开，村民可以参加有关农牧业生产方面的学习或者培训。在这一季节，还有村里或者乡里组织的其他培训活动，村民也可以参加，都是有关农牧业生产方面的。

在农忙季节，村民们都忙于农活，晚上回到家已经很累，尤其是夏天，太阳落山时已经是北京时间夜间 10 点多了，村民一般吃过晚饭就睡觉了，也没有精力再看电视。第二天又很早起床准备开始又一天的劳作。在农闲季节，村民还可以聚在一起聊天、打扑克或者打麻将等，晚上在家中看电视。当地的婚嫁喜事活动主要集中在 10 月和 11

月，这时的天气比较适宜，也不是最忙的时候。

我们专门抽出一个上午的时间，到该村的一位老人家中攀谈起老人的家庭生活，同时也从这位长期居住在奇村的老人那里，了解到村里近年来发生的翻天覆地的变化。不过，老人对当前的一些社会现象和政府工作人员的工作方式与任命等也有自己的看法。但这至少说明，在这个偏远的山村，村民们对自己身边的事务还是十分关心的，并愿意看到事情向好的方向发展。在老人眼中，明天是美好的，只不过需要每个人付出自己最大的努力去把握。

个案8-2　村老人访谈

上（20）世纪60年代本村很多地方是沙漠地、旱地，有一片种植小麦的水浇地。

到70年代，除了种植小麦外，开始种植大葵、油葵。

80年代开始有开荒地，不仅种植小麦了，面积也大，很多地方也开始种树了。

90年代主要种植黄豆、小麦、花豆、玉米等，基本在旱地上种植麦子，其他地方主要种植经济作物。

2001年开始种植黄豆、花豆、玉米和打瓜等经济作物。旱地上还有种植小麦的。本来山坡上有种植小麦的，2005～2007年在对面山坡上开了2000多亩荒地，原来种植麦子，一个老板来还种了豌豆。从去年（2006年）到今年（2007年）主要种植打瓜，每公斤7～8元，收益不错。这是私人开的荒地，开荒地的是村上自己的社员。开始时在这片荒地上种植豌豆的老板是外面来的，现在承包这些地的是本地的社员。那个地方连着沙漠，很适合种植打瓜。

很多乡里的领导普通百姓都没见过，有些是从城市来的，来的人还没认识就已经走了。不下地，调来的都是小伙子，不熟悉地里的情况。以前的老干部来的都下地，和老百姓打成一片。村里的干部还可以，都知根知底。

有的人家孩子工作不了，就走后门，被安排到某个乡里去接受锻炼。干一年或几个月后再想办法调回来。这种现象在当地很普遍。

老两口感觉作为老人，现在说话也没有用。就等老了不能动的时候，儿女养着吃喝就行了。

现在的生产好领导，不像以前的大集体，还得挣工分，队长实际说了算，让咋干就得咋干。现在地分到各家各户了，谁不想干好？不用你使劲儿，不用村长说，他也得干好，否则影响到他的收入。比如生产上要搞机械（化），要增加经济收入，这就是要大家好好干，要把庄稼种好，多打点粮食，多卖点钱。

党的政策是好的，给每个人挣钱的机会。你自己干不好是自己没本事，不会挣钱。地里干好了，增产了，百姓的收入也就增加了。现在因为干不好而没有钱花，那不能怪队长。老百姓靠地吃饭。

老人家 7 口人，一共就 27 亩地。如果想多挣，就得租别人家的地。劳力好的可以，老人家不行。老两口老了不能动。大儿媳妇走了 8 年了，不在家，一直不回来，就儿子一个人种了 27 亩地，又包了 10 多亩地。如果不是这些地，两个孩子根本上不了学。孙女上高中（今年考上大专），孙子上初中，还得老人们帮忙。孩子姑姑也都帮忙，否则上不起学的。

儿子现在和老两口吃饭在一起，但没有住一起。儿媳妇走了后他们的两个孩子都是老太太帮忙看着的。儿媳妇是河南找来的，回家后不想来，去广东打工了。她不喜欢在这里。20 多年前老两口回老家的时候儿子看上了这个媳妇，结婚后来这里，第二年生了女儿，后来生了儿子。女儿 11 岁、儿子 9 岁那年，儿媳妇就回去了。现在大的孩子已经 19 岁了。走了后一直没有回来过。儿子叫她也不回来，只好作罢。有时候还给孩子来电话。

村里大户已经不多了，大部分分开了。这里也没有讲究跟谁过，主要看怎么方便。父母年龄大了后把地给儿子，谁拿了地谁养活父母。现在孩子们都给老人（钱物）。比起内地，新疆的孩子还是孝顺。

村上没有孩子的人家少。根据孩子情况，父母决定跟着谁，当然，跟着女儿过的少一些，自己单独过的也有。

生男生女不讲究，都可以。新疆在这方面不讲究，而内地不行，生不了男孩子就还得偷着生，这里没有。不生孩子的少。

这个村也没有和其他村不一样的习俗，都是五湖四海来的，就没有多少讲究。风俗习惯上还是带有一点儿老家的痕迹。汉族人的习惯还是和少数民族有不同。

这个村是个多民族杂居村，村上人不论民族，相互往来很多，但尊重少数民族同志的习惯。比较而言，回族人的讲究多一些，哈萨克族好一些，年轻人好一些。村子里也有养猪的，还比较多。

第七节　村民的生活态度

奇村村民的生活整体显得祥和、平静，大部分村民对目前的生活状况比较满意，认为生活有奔头，会越来越好，对未来充满憧憬。但也有个别人对目前的生活不太满意，对以后的生活持一种悲观的态度。

村民的生活态度也是问卷调查的内容之一。关于村民的生活态度，问卷调查分为“与其他村民相比，你的生活水平怎样?”、“您对您个人目前的生活状况是否满意?”、“与过去五年相比，你觉得目前的生活怎样?”和“你认为你的生活状况以后会怎样?”等项目，如表 8－21 至表 8－24 所示。

表 8－21　“与其他村民相比，你的生活水平怎样?”问卷调查统计

	人数（人）	所占比例（%）
很　好	1	2.0
较　好	11	21.6
和大家差不多	29	56.9
较　差	9	17.6
很　差	1	2.0

表 8－22　“您对您个人目前的生活状况是否满意?”问卷调查统计

	人数（人）	所占比例（%）
满　意	29	56.9
一　般	9	17.6
不满意	13	25.5

表 8－23　“与过去五年相比，你觉得目前的生活怎样?”问卷调查统计

	人数（人）	所占比例（%）
更好了	45	88.2
没变化	2	3.9
变差了	4	7.8

表 8－24　“你认为你的生活状况以后会怎样?”问卷调查统计

	人数（人）	所占比例（%）
越来越好	33	64.7
和现在差不多	1	2.0
越来越差	2	3.9
不知道	15	29.4

第九章　边村新貌

中共中央提出“生产发展、生活宽裕、乡风文明、村容整洁、管理民主”的“二十字方针”，既是社会主义新农村建设的内容，又是社会主义新农村建设的目标和要求。新农村建设的“二十字方针”，渗透着“以人为本”，把实现农民群众的利益、增进农民群众的福祉当做根本出发点的精神。在新农村建设的各项内容中，生产发展是中心，是实现其他目标的物质基础；生活宽裕是基本尺度；乡风文明和村容整洁体现了精神文明和人居环境的双重要求；管理民主则显示了对农民群众政治权利的尊重。

第一节　发展生产，农民增收

生产发展是建设社会主义新农村的基础，农民生活水平的提高是和生产发展连在一起的，只有生产发展了，新农村建设才有可靠的物质基础，农民生活的改善和收入增加才有可能。奇村在新农村建设中，把发展生产摆在首要位置，同时注重全村各项事业的全面、协调发展。奇村发展生产的经验可以概括为：立足种植业，发展养殖业，多种经营。

我们村是农牧结合的一个村。主要经济收入来自养殖

业，主要是牛羊养殖，还有养鸡鸭鹅的。（村委会主任语）

奇村集体经济主要以集体地的承包收入为主，现有集体所有耕地890亩，集体所有牲畜150只。村集体耕地已经承包给本村村民，承包费收入1.7万元。（村委会主任语）村领导班子引导村民搞好副业生产，促进村民增收。采取上门动员、组织参观、办班培训、典型示范等方法，在稳定粮食生产的同时，抓好副业生产，为促进该村村民增收和经济发展奠定基础。

近些年旅游业发展对我们村带动很大。村里主要是汉族为主，还有部分回族，经商意识比较强。尽管距离去喀纳斯的路比较远，但还是从中获利。（村委会主任语）

该村村民的种植技能很好，因此该村种植业发达，农作物单产是冲乎尔乡最高的。他们利用丰富的耕作经验，种植黄豆、甜玉米等，提高土地的利用率。2006年该村种植小麦290亩、玉米708亩、黄豆4707亩、油葵23亩。该村种植水平在全乡位居前列，黄豆种植面积也是全乡最大的。奇村有个种植业示范项目——黄豆高产栽培技术，2006年种植黄豆占总耕地面积的81.5%。该村黄豆种植水平居全乡之首，平均亩产达220公斤，比全乡单产高30公斤。同时，由于科技示范户的带动，该村首次试种打瓜1500亩，结束了冲乎尔乡不能种植打瓜的历史。奇村的甜玉米主要供应喀纳斯景区。奇村农民种植的打瓜、黄豆、甜玉米等为该村农民带来了不少收入。

前几年本村主要种植黄豆、玉米，去年（2006年）开始种植打瓜和花豆。打瓜价格很好，亩产超过100公斤，单价超过8.6元/公斤。花芸豆前几年产量很好，今年（2007年）因为生病，产量不是很好，一般亩产150公斤左右，价格 4~4.5 元/公斤。玉米很好，亩产 700 公斤，玉米单价 2006 年为 1 元/公斤，今年（2007 年）可能最低为 1.2 元/公斤。有些还能去旅游场所销售，每根 1 元。（村委会主任语）

为了发展本村经济，该村大力调整农业内部结构，积极开展科技示范活动，饲养畜禽。该村的牲畜最高饲养量达到 6700 头（只），科技示范户有 50 户，占总户数的 16.3%。从 2006 年开始，该村充分利用上级给予的扶贫资金购买品种畜，大力推行品种改良，从而壮大村集体经济。2007 年黑白花牛首次大批进村。该村还向村民积极推广牛羊育肥技术，大力发展牛羊养殖业。村干部向村民提供致富信息，引导本村村民养殖獭兔、优质奶牛、蛋鸡、肉鸡、鸭、鹅等，大量供应喀纳斯景区。养殖业的成功发展为该村养殖户带来大量的收入，成为该村农民增收的主要产业之一。奇村是该乡人均收入较高的一个村，其中一个原因是该村的养殖业比较发达。奇村本身是个农业村，而且距离乡政府所在地很近，交通便利。该村领导班子也看到自身具有的优势，因地制宜地带领和鼓励本村村民发展养殖业，大大提高了本村村民的收入，也为本村种植业进一步发展创造了条件。该村是布尔津县“百头优质奶牛村”。

贷款是农民进行农业生产的必备条件之一。为搞好生产，村民们的贷款积极性很高，但申请贷款要达到信贷机构的要求，所以，有些村民在申请贷款方面就遇到了困难。但奇村的村干部特别是村委会主任和村支书，都想方设法为本村村民申请到贷款，采用的办法是托人、提供担保等。因此，在奇村，只要村民想贷款，没有贷不上的。只要是勤劳肯干的，村委会主任都愿意帮忙贷款。该村是全乡贷款和还款额度最高的。2007 年仅由村委会主任担保的贷款总额就达到 880 万元。

奇村贷款总量是全乡最多的，今年（2007 年）仅村委会主任担保贷款的总额度就达到 880 万元，主要投入农业、旅游业、运输业、商业等。最多的贷款额度达到 20 万元，主要投入“农家乐”项目。有 7～8 户上喀纳斯、贾登裕从事旅游服务业。还有在乡镇附近、河西从事旅游服务业的，都是投资 40 万～50 万元的。基本上都是村干部帮忙贷款的。他们的还贷能力可以，在乡上都有商店，年收入都在 10 万元以上。

一般贷款年限 10 万元的有 3 年还款期限，而 1 万～2 万元主要是种植业贷款，大多当年还清。运输、商业等，一般都是 3 年。种植业贷款的如果出现家里困难的情况，当年还不上的，可以转贷。在养殖业上的投资，如养殖黑白花奶牛的，国家有 3 年贴息优惠政策，每头牛补助 1600 元。农牧业的贷款利息低一点，而商业与运输类贷款利息高。村里没有想贷款贷不上的。一般只要是真干事情的，村长都愿意帮忙贷款。本村是全乡贷款和还款额度最高的。（村委会主任语）

奇村还积极转移剩余劳动力，为农牧民提供更多的就业机会，提高农牧民的收入。奇村干部积极做好服务工作，鼓励村民跨出家门、村门外出打工赚钱，增加收入。奇村的务工人员主要在本乡从事旅游服务业。喀纳斯景区是奇村劳动力转移最多的地方。喀纳斯景区旅游服务业从业人员中大约有 70% 来自奇村。（村委会主任语）奇村剩余劳动力的转移也为该村带来了可观的收入，成为该村农民增收的一个亮点。

第二节　乡风建设

乡风文明是新农村建设的重要内容，为新农村建设提供了有力的思想保证、精神动力、智力支持和文化条件，是摆在当前新农村建设面前的一项重要的课题。乡风文明是新农村建设中精神文明建设的组成部分。新农村建设中乡风文明的侧重点是“乡风”，落脚点是“文明”，用农民的话来说就是“民风好”，主要体现在村庄的文化与法制建设、移风易俗、社会治安以及新型农民的培养等方面。引导农民崇尚科学，抵制迷信，移风易俗，破除陋习，树立先进的思想观念和良好的道德风尚，提倡科学健康的生活方式，在农村形成文明向上的社会风貌，最终完成新农村建设中乡风的重建，达到乡风文明。

奇村在乡风建设方面做了大量工作，也取得了一定成绩。该村领导班子将精神文明建设和公民道德建设作为乡风建设的重要内容来抓。同时，该村还成立了村民道德评议会领导小组、法制宣传工作领导小组、关心下一代领导小组、红白理事会领导小组、爱国卫生月活动领导小组等，各小组在各自职能范围内负责本村的工作，对于该村的乡风建设起到了良好的作用。

一　积极开展精神文明建设活动

2005 年以来，奇村以新农村建设活动为契机，坚持把精神文明建设作为“三个文明”协调发展的重要组成部分，严格按照“五个好”的目标要求，理清发展思路，走出了一条强村富民之路。该村先后被阿勒泰地委组织部评为

“先进基层党组织”、“发展壮大集体经济先进村”；曾荣获县级“五个好”村党支部、“基层组织先进村”、“党建示范单位”、“自治区级文明村”等多项荣誉称号。

该村在精神文明制度建设方面的主要做法有以下几点：

建立完善组织领导机制，把加强精神文明建设作为推动本村各项事业发展的一项重要工作，把精神文明建设放在突出位置。成立了由村党支部书记任组长的村精神文明建设创建活动领导小组，并配备一名专职宣传员。他们还建立并完善创建工作制度。围绕精神文明建设各项具体创建工作，及时制订详细的年度计划，并进行任务分解，做到分工明确、责任到人。

开展创建文明村的宣传工作。坚持舆论宣传为先导，在乡宣传干事的指导、帮助下，加大对村创建文明村的宣传力度。2005～2007 年，共书写长期性标语 9 条，树立形象广告牌、长期性宣传牌 3 个，发放文明创建类宣传资料 1000 份。

充分发挥集体智慧和力量，推进文明建设。村里的重大事项不是一个人说了算，而是在发扬民主的基础上由集体讨论决定。在工作中自觉做到“三分三合”（即职责上分，思想上合；岗位上分，力量上合；工作上分，目标上合）充分发挥村集体作用，调动群众参与积极性。

狠抓基层党建工作，夯实精神文明建设基础。奇村领导班子成员认识到，要文明致富，就必须把党员队伍建设好。为了解决部分党员中存在的思想涣散、精神不振等问题，引导他们转变观念，振奋精神，积极进取，村党支部采取组织党员参加重温入党誓词、集中学习等活动，使党员的思想觉悟得到了提高。村党支部还着重加强技术培训。

充分发挥党员在发展农村经济、调整农业产业结构中的作用。从2005年开始，先后8次聘请地区、县科委、县农技中心的农业技术专家到村里传授农作物高产栽培、家禽及牛羊养殖等先进技术。并充分利用党员电教设备，每月组织党员收看电教片，使每位党员都掌握了1~2门农村实用新技术。他们一方面要求党员通过自学，将先进的农业技术运用到经济作物生产之中；另一方面负责向至少10户农户传授新技术。

积极开展文明创建活动。深入开展“新农村八荣新风户”、“五好文明家庭”、“信用户”等评比活动，营造了“比、学、赶、超”的良好氛围。大力开展普法教育，全面提升农牧民素质修养，进一步提高文明村、星级文明户和信用村、信用户的创建水平。目前，全村“五好文明家庭”有25户，信用户有18户，八荣新风户有16户。近几年来，全村没有发生过一起刑事案件，没有一个村民违法犯罪，没有发生一起火灾，没有一例计划外生育。

奇村坚持开展“双十佳”（十佳文明事迹和十佳文明活动）创建活动，弘扬正气，倡树新风。每逢中秋、春节等重大节日，村领导班子成员要对三老人员、贫困户、军属进行走访慰问。为切实做到移风易俗，该村还专门成立了红白理事会，全权负责村里的婚丧嫁娶，杜绝了讲排场、摆阔气、大操大办等封建陋习，使村民的思想观念有了很大转变，得到了全体村民的一致称赞。

开展《公民道德建设实施纲要》教育活动（见图9-1）。首先，在村里开设了活动专栏，把“爱国守法、明礼诚信、团结友善、勤俭自强、敬业奉献”等基本道德规范宣传上栏，人人皆知。其次，利用各种形式把活动宣传到户，如“家庭文明大家谈”、“村民新风大家讲”、“公民道德知识竞赛”等，吸引众多村民主动参与，营造了良好的社会氛围。该村还召开村民大会制定了村规民约，书写在村办公室的院墙上，供村民熟知和遵守。

图9-1　奇村村规民约

（摄于2007年9月14日）

开展文体活动。结合精神文明创建活动，奇村开展了系列文体活动，以此丰富群众的文体娱乐生活。在每年春节期间，举办扑克比赛、投篮比赛、拔河比赛等，赛出村民的精神风貌和道德风貌。在每年“五四”等重大节日期间，积极组织开展活动，激发广大村民的爱国热情。

开展“一帮一”结对帮扶活动。实行“两委”班子成员包一户特困户制度，并作为长期包扶对象，采取多种形式，主动上门为贫困户排忧解难，从生产、生活和物质上给予指导和帮助，直至解困，变输血为造血，使他们从根本上脱贫。同时利用节假日慰问老党员、复退军人、困难户，发放慰问金。

加强法制教育，维护青少年合法权益。组织学生到乡司法所参加现场开庭，到学校开展模拟法庭教育；开展“中小学生法律知识竞赛”，使全村未成年人法制受教育面达100%。

作为县级精神文明村，奇巴尔托布勒克村取得的骄人业绩是有目共睹、毋庸置疑的。但村“两委”班子并未就此满足，他们将奋斗目标定在了要求更为严格的自治区级精神文明单位上。为促进奇村 2007 年创建自治区精神文明建设先进村工作，进一步提高全村精神文明建设水平，村“两委”班子还结合本村实际情况制定出切实可行的实施方案。

方案以邓小平理论和“三个代表”重要思想为指导，以社会主义荣辱观引领思想道德建设为重点，全面树立和落实科学发展观，坚持“以创促建、重在建设、注重长效、惠及百姓、造福社会”的原则，坚持解放思想，实事求是，与时俱进，开拓创新，切实加大领导力度、宣传力度、工作力度、管理力度，不断深化创建自治区精神文明建设先进村的各项活动，着力提高奇村村民文明素质和现代文明程度，促进经济建设、政治建设、文化建设、社会建设“四位一体”协调发展，为推进全村经济社会又好又快发展，加强和谐社会建设，营造良好的社会环境。

方案将此次创建活动的目标设定为：针对奇村目前精神文明建设的薄弱环节，提高村“两委”班子的重视度，切实加大工作力度，完善工作方式，狠抓工作落实，促进精神文明建设稳步推进，不断提高全村整体文明水平。根据这一目标，确定主要工作任务如下。

（1）加强村“两委”、村民小组领导班子建设，完善村党支部、村委会精神文明建设和自身建设的各项制度、措施，积极开展各种学习教育活动，提高村干部的工作能力和工作水平。

（2）加强农民群众思想道德建设，认真贯彻《公民道德建设实施纲要》，开展诚信活动，开展“讲文明、讲卫生、讲科学、树新风”（即“三讲一树”）和“改陋习，树新风”活动，开展“八荣八耻”学习教育活动，依据该纲要修订完善村规民约。

（3）完善创建文明村工作的规划、制度和措施，开展“八荣新风户”等基础创建活动，设立创建工作组织机构，落实经费投入，实现“八荣新风户”创建的动态管理。

（4）加快各项社会事业建设。普及义务教育，消除青壮年文盲；加强村卫生室建设，确保农民小病不出村；每年开展1～2次环境卫生整治活动，落实卫生责任制，确保村内各街路卫生整洁，垃圾及时清理；完善农村卫生工作和卫生防疫工作的措施办法，开展农村科普工作活动；消除计划外超生现象，计划生育率达100%。

（5）加强社会治安综合治理，通过推行群防群治的工作措施，增强农民人人参与防范打击治安刑事案件的意识，全村治安案件逐渐减少，刑事案件达到零发案目标。提高农民的思想道德素质和科学文化素质，组织引导农民开展健康向上富有成效的文化体育活动，积极参加科技教育学习培训，力争每户掌握至少一门致富技术。

（6）加强和改进农村基层党组织党风廉政建设，巩固党在农村的执政基础，深化村务、财务公开，实行民主管理，民主决策。

（7）制定全村经济社会发展计划，促进集体经济不断壮大，农民生活水平不断提高。

（8）加强农村生态建设和环境保护，大力开展森林资源和野生动植物保护，坚持和实施可持续发展战略。

在制订实施方案的同时，村“两委”班子还将方案的落实贯彻到实际工作中。除在全村范围内营造良好的人人懂创建、人人重视创建、人人参与创建的氛围外，村“两委”班子还努力抓好村经济工作，以此作为突破口，将农民的增收与精神文明创建活动紧密结合起来。

村里还根据本村基础设施建设的基本情况，制定了自己的建设规划，包括为力争早日实现自治区级文明村而计划进行的项目：（1）新增防渗渠道4500米。（2）整修村级道路1530米。（3）坚持抓好文明工程，新增有线电视100户，广播通响率达98%以上。（4）河道绿化、道路绿化、庭园绿化达250亩。

在奇村办公室的墙面上，我们还看到了创建自治区精神文明建设先进村的标语，内容如下：

1. 爱国守法，明礼诚信，团结友善，勤俭自强，敬业奉献

2. 德育重在坚持，文明贵在行动

3. 倡导文明新风，共建美好家园

4. 创建文明城市，营造良好环境

5. 讲文明话，办文明事，做文明人

6. 增强文明意识，提高公民素质

7. 规范文明行为，塑造文明形象

8. 建设美好家园，奔向现代文明

9. 文明的布尔津，温馨的家园

10. 积极创建自治区精神文明建设先进县！

11. 争当文明公民，争创文明家庭

12. 弘扬社会公德，树立文明新风

13. 文明连着你我他，新风吹拂千万家

14. 梦幻喀纳斯，文明布尔津

15. 建设文明县城，塑造布尔津形象！

16. 我诚信，布尔津诚信；我文明，布尔津文明！

17. 从我做起，从小事做起，做文明公民

18. 爱心是生活明媚的阳光，文明是人生温馨的春风

19. 文明布尔津，和谐布尔津

20. 文明是城市之魂，美德是立身之本

二　依法加强社会治安综合治理，维护本村稳定

奇村组织干部、村民认真学习宪法，学习与生产、生活相关的法律、法规和社会治安文件，提高对治安综合治理重要性、必要性、紧迫性的认识；积极配合边防派出所加强对外来人员的管理，做到“人来登记、人走注销”，并定期核对外来人员的进出情况，坚持每月一次的不安定因素排查制度，发现有违法现象的苗头及时制止，做到大事化小、小事化了，将问题解决在萌芽之中，确保全村安全无事故，无聚众赌博，无卖淫嫖娼，无贩卖毒品，无非法宗教、邪教活动，为村民创造一个安居乐业的良好环境。

三　培育新型农民，提高农民素质

自 2006 年以来，布尔津县将培育新型农牧民工程提上了重要议事日程，成立了新型农牧民培育工程领导小组，制定了《布尔津县万名新型农牧民培育工程三年规划》、《布尔津县新型农牧民培育工程今冬明春推进计划》。组织成员单位调查摸底农牧民及党员队伍现状，建立教师培训队伍，编制突出特色的乡土教材，整合资源，不断加大资金投入力度，县财政每年拨付 5 万元作为新型农牧民培训工作的专项经费，确保“万名新型农牧民培育工程”能“动”

起来。

奇村的农牧民科技培训具备一定的条件。该村配备了农牧民远程教育设备，还有乡农牧民文化技术学校教学点。村里还成立了农牧民文化技术培训领导小组，由村委会主任任组长，村党支部书记担任农牧民文化技术学校校长，并定期聘请了两名专业技术人员担任本村农牧民文化技术学校的教师，对培训工作进行了明确的分工，将工作细化到每个人。村里先后为农牧民文化技术学校投入资金，配置了书架、档案柜、VCD放映机、电视等教学器材，并提供图书阅览室作为专门的教室，方便农牧民看书，使农牧民文化技术学校的各项硬件设施得以保障。

他们建立起长期有效的培训机制，建立健全了《农牧民文化技术学校培训制度》、《农牧民文化技术学校教师职责》等一系列规章制度，制订了培训计划，明确了培训纪律。定期开展阶段性测试，通过口试、实际操作、提问等方式，加强对农牧民培训效果的掌握，对年龄偏大、培训效果不明显、进步不快的农牧民组织专人进行辅导培训，保证每个培训学员都不掉队。

每年1～3月份，村里利用农闲时间集中村民看电教片，由村委会主任负责。帮助村民了解当前市场，促进种植结构调整在稳定黄豆面积的基础上，走农业多元化种植路子，做到尊重农民意愿，市场需要什么种什么，什么赚钱就种什么。做好春耕前准备工作。4～8月份，充分利用“科技之夏”活动，在田间地头实地进行讲解，牧区狠抓“五号”病的防疫措施、牛羊常见病的防疫工作等。重点放在农机标准化作业、品种改良、科学施肥、农药合理使用、农作物病虫害的防治方法等方面，广泛开展“科技之夏”活动。

及时宣传、总结经验，归档存放。9～12月份，组织科技人员到田间地头了解农作物生长情况，就农作物出现的问题进行讲解；组织农牧民参加各类培训，培训的主要内容有暖棚养畜、牲畜品种改良，小麦、黄豆、油葵等高产栽培技术，农作物病虫害的防治，等等。

在奇村每天都有人来找远程站点管理员。从2007年开始，远程站点转变教学模式，各接收站点为最大限度地满足农牧民的“学用”需求，将近期的远程教育节目制成“菜单”，党员干部群众可根据自身需要“点菜”，村操作员根据“点菜”情况进行分类登记，安排适时播放，由给群众“送菜”变成请群众“点菜”，农牧民需要什么，操作员就送什么。如果有需要，操作员还会单独给前来咨询的农牧民“开个小灶”，从互联网上专门下载些他们需要的东西。

在奇村农牧民科技培训方面，奇村团支部大力组织培训活动，积极培训本村青年农牧民，举办科技推广项目和乡村青年文化节。在科技致富方面，推行“学一传十”，即要求团员学习一门使用技术，负责转播给10个青年农牧民；在党团共建方面，实行“协一助一”，即要求一名团员协助一名党员共同联系一户贫困户，使其脱贫。通过举办团干部培训班，在抓好理论学习的同时，加强科技知识、市场经济的培训，重点进行种植、养殖等新技术培训，要求每个农牧民团员青年掌握1～2门实用技术，逐步建设一支能适应市场经济发展需求、能团结带领群众脱贫致富奔小康的农村青年队伍。目前，全村已有85%以上的团员青年掌握了一门以上的农牧业生产技术。

村党支部还着重加强技术培训，充分发挥党员在发展农村经济、调整农业产业结构中的作用。近年来，先后8次聘请地区科委、县科委、县农技中心的农业技术专家到村里传授农作物高产栽培、家禽及牛羊养殖等先进技术。并充分利用党员电教设备，每月组织党员收看电教片，使每位党员都掌握了1~2门农村实用新技术。他们一方面要求党员通过自学，将先进的农业技术运用到经济作物生产之中；另一方面，每位党员负责向至少10户农户传授新技术。

冬季农闲时节，该村充分利用县政府组织的“科技之冬”培训活动，对村民进行农牧业生产技术方面的培训。2008年3月4日，在奇村“科技之冬”培训中，来自阿勒泰地区的高级农艺师根据该村实际和农牧民需求，进行“菜单式”培训，讲授了小麦、打瓜种植技术，专家们临时受群众邀请讲授了常见病虫害防治方法，极大地调动了参训农牧民的听课兴趣，农牧民纷纷要求专家能够常来，最好能进行田间指导。在短短1天的培训中，培训村民286人。

四　创建学习型新村，争做知识型农民

知识就是力量，学习改变人生。奇村开展了创建学习型新村、争做知识型农民活动。

村党支部、村委会、村小学负责组织开展村校联合试点的宣传、调查摸底工作，通过宣传使村民明白，农牧业要发展、农民要增收，必须依靠科学技术的硬道理，使他们增强危机感，提高学科技的积极性。

五　丰富村民的文化生活

每逢农闲和迎新春等季节，村里会在村文化活动室举办文艺表演，该村有才艺的各族村民男女老幼都会充分施

展自己的才艺，当然以青年居多。有人唱歌，有人跳舞，有人说快板，有人演奏手风琴、吉他或者冬不拉。其中的佼佼者会被选送到乡里表演，为村里争光。如果在乡里的文艺会演中表现突出的话，还会被选派到县里表演。由于奇村距离乡政府驻地很近，奇村村民可以很方便地观看乡里的文艺会演。每年都会有县里的农村电影放映车来这里放电影，村民们还可以看看电影。

村村通广播、通电视工程是推进社会主义新农村建设的重要举措，是农村公共文化服务体系的重要组成部分，是当前农村文化建设的一号工程，深受广大农民群众的欢迎，对于宣传党和国家的方针政策、传播先进文化、普及科技知识、提高农民群众的思想道德和科学文化素质、促进农村经济社会协调发展，具有十分重要的作用。

得益于“村村通”工程，奇村的广播、电视已经普及，村民看电视已经不是问题，而且少数民族村民还能收看和收听少数民族语言的电视和广播节目，大大丰富了村民的文化生活。过去，村里的喇叭是村民们获取信息和收听娱乐节目的主要渠道。现在由于电视的普及，看电视成为奇村村民业余生活的主要内容。

六 建设和谐的多民族村

奇村是个多民族杂居的地方，多年来各民族在共同的发展过程中，在饮食起居方面有着各自独特的习惯。针对这种情况，奇村将尊重其他民族风俗习惯明确列入村规民约中，党员干部带头遵守。为帮助在生活中有困难的各族群众，该村依据实际建立了一套互帮互助机制。近两年来，已累计为有困难的村民捐款3000余元，出义工300余人次，其中干部捐款1500余元，出工150人次。这些在全村各族群众中形成了良好的互帮互助、团结和睦的良好氛围，大家用一颗颗火热的心，浇灌出一朵朵绚丽多彩的民族团结之花。

七 为无职党员设岗定责

为加强新农村建设，奇村党支部对无职党员设立了8个岗位，并规定了不同的职责。每个岗位由2名无职党员协助共同完成。承担工作的无职党员要对所设的工作岗位负责，村党支部将把无职党员的岗位工作情况作为年度党员评议的重要内容。无职党员的岗位工作接受广大村民的监督。这些岗位分别是：文明新风宣传员，主要职责是协助村“两委”班子负责党的路线、方针、政策及“三个文明”、《公民道德建设实施纲要》的宣传工作，指导村民树立文明新风，勤俭办理婚丧事；民事调解员，主要职责是协助人民调解委员会调解民间纠纷，并掌握好村情民意，负责协助村委会解决邻里纠纷，调解家庭矛盾等工作；计划生育工作监督员，主要职责是负责国家计划生育政策的宣传工作，监督计划生育法律法规的宣传执行情况以及准生证件的发放、生育指标的分配对象是否合法等工作；环境保护宣传员，主要职责为负责本村街头巷尾保洁监督工作；工作监督员，主要职责是负责列席村党支部、村委会重要会议，监督村党支部、村委会班子及成员贯彻落实党的方针、政策情况，负责对政务、财务、党务公开的监督工作，积极当好村“两委”班子的参谋；综合治理宣传员，主要职责是负责协助村委会监督村民遵守村规民约，宣传维护社会稳定和治安防范有关知识；科技致富示范宣传员，主要职责是依靠科技知识和辛勤劳动致富，在种植、养殖等方面积极主动地向群众传授技术，让农牧民依靠科学致富，起到示范带头作用；扶贫帮困宣传员，主要职责是利用自己的信息、技术、资金等优势，与本村2~3户贫困户结成帮扶对子，互帮互助，传授贫困户至少一门致富技术，为其制订脱贫致富工作计划，明确增收致富目标，力争使其在短时间内脱贫致富。

第三节　环境建设

伴随农村经济快速发展的同时，农村生活污水、垃圾和农业生产、畜禽养殖废弃物排放量增大，农村地区环境状况日益恶化，农村环境质量明显下降，直接威胁着广大农民群众的生存环境与身体健康，制约了农村经济的健康发展。在新农村的建设中，“村容整洁”是一个重要内容。农村的环境保护应该与发展生产同步，决不能顾此失彼。如果农村保不住天蓝、水清、树绿，再富裕也不是新农村。在新农村建设中，奇村为使本村生活与生产环境得到改善，进行了大量的工作，村容整治和环境保护是主要内容。经过全村的努力，该村的村容和环境得到了改善。

2006年经过乡政府和本村共同出资，对村民家的院墙都进行了修葺。该项工作完成后，村民的院墙都变得干净、整齐。2006年，县委组织部出资19.5万元，为村委会修建了办公室，安装了远程教育设施。针对村里房屋分布散乱、道路交叉不通、渠道不通畅等情况，村委会已经制定了规划图，以规范村民的建房，疏通村中道路交通。村委会还从村集体收入中拿出一部分资金，用于村中道路的建设（见图9-2）。（村委会主任语）

图 9－2　村中道路（摄于 2007 年 9 月 14 日）

2005 年以来，奇村高度重视环保工作，按照乡《环境保护目标责任书》上的各项指标任务，结合实际，制定出台了村环保规划，将环保工作提上重要的工作议程，渗透到各项工作中，落实到各住户，使该村的环保工作有了新进展，村容村貌有了新改观。

成立了由村支部书记任组长、各小组长为成员的环保领导小组，对全村环保工作进行全过程跟踪管理，一级抓一级，层层抓落实。与乡环保领导小组签订了环保责任状，将环保工作责任状列入年终考核的一项硬指标，实行责任追究制和一票否决制。落实环境保护目标责任状，实行责任追究制度和定期检查制度，制定严格的管理措施，把环境保护工作纳入重要议事日程中。

采取有效措施和手段，切实营造环境保护的宣传氛围。通过采取有效的宣传手段和宣传形式，不断加大环境保护的宣传教育力度。（1）积极在中小学校开展环保宣传教育活动；（2）积极开展环境保护宣传教育活动；（3）加大中心街道的绿化、美化力度，坚持扩大绿化面积，改善村容村貌；（4）加大村环境卫生治理力度，及时处理生活垃圾等废弃物品；（5）充分发挥司法、综治、联防等部门的职能作用，切实抓好《环境保护法》等法律法规的宣传教育，维护良好的社会环境。

开展爱国卫生大清扫活动。村“两委”班子在大会、小会和平时工作中，经常把环保工作放在心上，挂在嘴边，落实到工作中，切实把环保工作作为一项重要的工作抓紧抓好。2007 年 6 月 5 日的环保宣传日，在环保局的牵头下，在冲乎尔乡开展了以环保为主题的宣传活动。该村积极参与此项活动，共发放宣传单 230 余份，张贴宣传画 10 余张、宣传标语多条，提高了全村农牧民保护环境意识。同时，为认真贯彻落实《关于开展第十八个“爱国卫生月”活动的通知》精神，在全村范围内组织了一次爱国卫生大扫除活动，对乡村街道、房前屋后等处进行了全面清扫，消灭卫生死角 3 处，确保卫生清扫不留死角，彻底改变了“脏、乱、差”的现象。

改善村容村貌。加大了对村道路的绿化，对公路两侧的树木全部进行了补种。2007 年 4 月，奇村团支部在乡团委的带领下，组织本村团员青年举办了“植绿护绿”及“青年文明一条街”创建活动。

减少土地污染。根据当前经济发展的形势，加大科技种田的力度，实施节水农牧业生产技术，使供水到户，降低普通农膜使用，鼓励农牧民使用降解农膜，减少对土地的“白化”污染。同时，加大无公害农药的使用，根治农牧民药瓶乱扔的现象，使无害化农药的普及达到 91% 以上，同比增长 5%，确保均衡发展。

坚持以发展生态农业为目标，切实抓好低产田改造和生态环境保护，以“三北四期”工程为支点，实现“生态保生态，生态育生态”的良性循环，对生态环境发展不均衡的各村、各站所进行指标分解，不把高水平的拉下来，“削高就低”，搞平均主义，而是根据实际情况，分区规划，分步实施，分类发展，创造性地探索具有自己特色的环保发展道路。

第四节　深化村务公开，推进民主管理

深化村务公开，推进民主管理，是推进社会主义新农村建设的必然要求，是调动农民参与社会主义新农村建设积极性的重要途径，是加强和改进农村基层党风廉政建设、巩固党在农村的执政基础的有效措施。

从 2007 年开始，布尔津县通过多种举措健全村级民主管理机制，保证群众知情权、参与权和监督权，有效促进和谐新农村建设。2007 年在全县 63 个行政村中各挑选 20 名为人正直、办事公道、群众威信高的村民代表担任“村官”述职述廉评议员，每季度召开一次村委会班子成员述职述廉暨民主测评会，“村官”就近期工作开展情况、工作中有无违反政策法规、重大村务是否走民主程序、本人及直系亲属有无违反计划生育政策、社会减免款物发放有无优亲厚友等情况向村民代表进行详细的述职述廉，并当场接受评议和质询。参会乡领导及村民代表对他们进行无记名民主测评，并将测评结果在村务公开栏中公示，接受村民监督。对村民代表不够满意的事项，有权要求他们在规定的时间内拿出整改方案，并督促落实整改；对于村民反

映强烈、满意度差的“村官”，乡政府派出专人对其各方面情况进行认真核查后，给予处理。

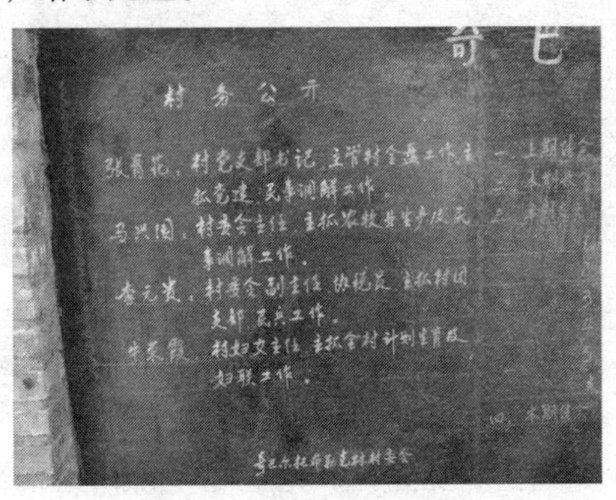

图 9－3　村务公开栏

（摄于 2007 年 9 月 14 日）

针对以往公开工作中存在“内容看不见、留不住、读不懂”的问题，奇村加大了村务公开工作的力度（见图 9－3）。首先，规范公开板面，使公开内容留得住。奇村对公开板面进行了统一规范，统一定做了方便、美观、牢固的钢架铁皮板面，公开内容一律用油漆书写，确保公开内容留得住。其次，规定公开时间、公开位置，使公开工作及时有效、看得见。乡政府落实村财乡管工作后，各行政村的账目均由乡经管站统一管理，这给村务、财务公开工作带来了一定便利。乡政府将村务、财务公开工作统一定于每年 1 月 15 日和 7 月 15 日前公开，各村的财务账目在每年 6 月底和 12 月底统一由乡经管站提供，由乡纪委统一派人公开，公开栏统一置于村委会办公室前显眼处，确保了公开工作的及时有效、内容看得见。第三，规范公开内容，使公开内容达到全面、翔实、看得懂。公开的内容围绕村民关心的所有热点、疑点问题进行，涉及集体经济收入情况、集体地承包情况、村民与村集体往来账目情况、资金平衡及村务、财务等内容，公开时避免用专业术语，一律用群众看得明、读得懂的通俗语言进行公开，确保公开内容看得懂。

后　记

始于农村的改革带来了中国社会翻天覆地的变化，农村地区的生产与生活方式随之发生巨变。伴随这一进程，中国边疆少数民族地区也呈现出新的面貌。这些地区人口的经济状况、生产活动、精神面貌、思想、风俗习惯和生活内容都在发生着日新月异的变化。对于边疆少数民族农牧区进行调研，有助于全面了解中国农村地区的现状。

本书是根据对新疆维吾尔自治区伊犁哈萨克自治州阿勒泰地区布尔津县冲乎尔乡奇巴尔托布勒克村的实地调研撰写的。为了便于写作和识别，访谈材料用与正文不同的楷体明确标识，基本保持原采集内容，未进行修改。文中所采用图片，除特别说明者外，均系调研组调研期间亲自拍摄所得。所采用的手工绘图也系调研组根据调研编辑绘制而成。

本书内容涵盖布尔津县冲乎尔乡奇巴尔托布勒克村基层组织建设、经济、民族关系、宗教、社会事业、风俗、村民生活和新农村建设等方面，真实记载了改革开放以来布尔津县农村发生的翻天覆地的变化。

作为综合性调查项目的文字反映成果，本书最大限度地保留了调查期间获得的一手资料。在写作过程中，大量使用了实地调查获得的各种访谈、问卷调查和各级地方政府部门的材料。为便于写作和识别，这些材料用与正文不同的楷体明确标识，基本保持原采集内容，未进行修改。

书稿中大量使用的数据、材料均为调研期间获取，除特别标注外，本书资料信息统计结果均截至 2007 年 9 月。部分数据由于采集或汇总部门机构的差异，存在一定程度的不一致。本书尊重原文，不做更改，特此说明。

本文所采用照片，除特别说明者外，均系调查组调研期间亲自拍摄所得。所采用手工绘图也系调查组根据所获取资料，后期编辑绘制而成。

调研工作的成功进行得益于布尔津县委、县政府和杜来提乡党委、乡政府的大力支持与帮助。特别是要感谢时任布尔津县委常委、宣传部部长的杨志义同志，在百忙之中抽出时间安排调研乡村、确定调研路线行程，为调研工作的顺利开展提供了很大便利。同时，在调研期间，我们也得到了杜来提乡党委、乡政府的大力支持和积极配合，帮助联系调研农户，安排人员食宿，解决了调研组的后顾之忧。

感谢当地平凡、质朴的村民们。他们为接受我们的调研，很多不顾农忙，放下手里的活计认真回答我们的问题，完成我们的问卷，积极配合我们的调研工作。许多人还热心为我们提供信息，准备茶饭，让我们避免了在村里调研时找不到餐馆吃饭的尴尬。

调研组全体成员石岚、阿德力汗 · 叶斯汗、古丽夏 · 托依肯娜、文丰、耶斯尔、马媛、巴哈提 · 买买提卡里等也同心协力，不辞劳苦，勤奋工作，为按时保质保量完成调研任务付出了自己最大的努力。对他们的辛勤工作和兢兢业业的精神，课题组也表示衷心感谢。

本项目是中国社会科学院中国边疆史地研究中心组织的边疆调研重大项目。该中心在本丛书的立项设计，调研大纲的制定和组织实施，以及书稿的审定与出版组织方面做了大量工作。尤其要感谢李方研究员，她在审稿过程中，提出了许多宝贵意见，保证了本书的质量。还要感谢负责新疆分卷工作的马品彦先生，以及出版本书的社会科学文献出版社的编辑们，他们为本书的问世花费了不少心血，贡献了许多力量。

尽管调研组和本书作者为确保全书内容的准确性、科学性与完整性付出了巨大努力，花费了大量时间与精力，但仍难免会出现谬误或赘言、遗漏之处。敬请读者朋友们予以谅解和批评斧正。

祝福美丽的布尔津更加迷人！祝愿淳朴的布尔津人民更加幸福！更加富裕！

耶斯尔

2009 年 8 月

图书在版编目（CIP）数据

边陲多民族和谐聚居村：新疆布尔津县冲乎尔乡奇巴尔托布勒克村调查报告/耶斯尔著．—北京：社会科学文献出版社，2010.6

（当代中国边疆·民族地区典型百村调查／厉声主编．新疆卷．第1辑）

ISBN 978-7-5097-1267-2

Ⅰ．①边…　Ⅱ．①耶…　Ⅲ．①乡村-社会调查-调查报告-布尔津县　Ⅳ．①D668

中国版本图书馆CIP数据核字（2010）第036438号

当代中国边疆·民族地区典型百村调查：新疆卷（第一辑）

边陲多民族和谐聚居村

——新疆布尔津县冲乎尔乡奇巴尔托布勒克村调查报告

著　　者／耶斯尔

出 版 人／谢寿光
总 编 辑／邹东涛
出 版 者／社会科学文献出版社
地　　址／北京市西城区北三环中路甲29号院3号楼华龙大厦
邮政编码／100029
网　　址／http：//www.ssap.com.cn
网站支持／（010）59367077
责任部门／编译中心（010）59367139
电子信箱／bianyibu@ssap.cn
项目经理／祝得彬
责任编辑／王玉敏
责任校对／宋建勋
责任印制／蔡　静　董　然　米　扬

总 经 销／社会科学文献出版社发行部
　　　　（010）59367080　59367097
经　　销／各地书店
读者服务／读者服务中心（010）59367028
排　　版／北京宝蕾元科技发展有限公司
印　　刷／北京美通印刷有限公司

开　　本／889mm×1194mm　1/32
印　　张／8.125　　插图印张／0.25
字　　数／177千字
版　　次／2010年6月第1版
印　　次／2010年6月第1次印刷

书　　号／ISBN 978-7-5097-1267-2
定　　价／138.00元（共4册）